Sekundarstufe

Rudi Lütgeharm

Ozeane & Meere der Erde

- Lage, Größe, Merkmale
- Lebensräume im Meer
- Strömungen & Zirkulation
- Bedeutung & Bedrohung

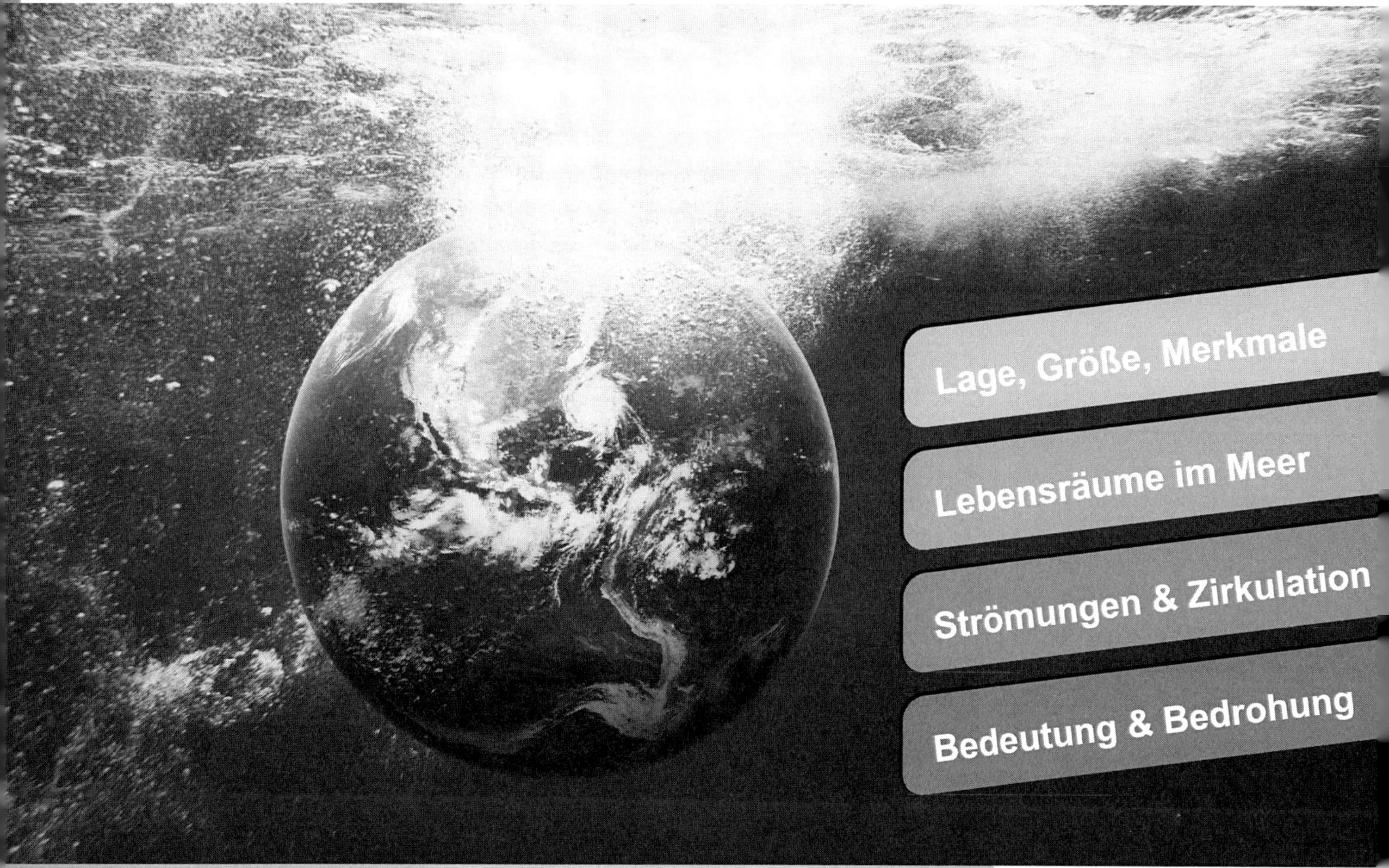

- Sachinformationen
- Texte, Karten & Grafiken
- Aufgaben mit Lösungen

www.kohlverlag.de

Ozeane & Meere der Erde

1. Auflage 2023

Inhalt: Rudi Lütgeharm
Umschlagbild: © robert - AdobeStock.com
Redaktion: Kohl-Verlag
Grafik & Satz: Eva-Maria Noack / Kohl-Verlag
Druck: farbo prepress GmbH, Köln

Bestell-Nr. 12 946

ISBN: 978-3-98558-335-5

Der vorliegende Band ist eine Print-Einzellizenz

Sie wollen unsere Kopiervorlagen auch digital nutzen? Kein Problem – fast das gesamte KOHL-Sortiment ist auch sofort als PDF-Download erhältlich! Wir haben verschiedene Lizenzmodelle zur Auswahl:

	Print-Version	PDF-Einzellizenz	PDF-Schullizenz	Kombipaket Print & PDF-Einzellizenz	Kombipaket Print & PDF-Schullizenz
Unbefristete Nutzung der Materialien	x	x	x	x	x
Vervielfältigung, Weitergabe und Einsatz der Materialien im eigenen Unterricht	x	x	x	x	x
Nutzung der Materialien durch alle Lehrkräfte des Kollegiums an der lizenzierten Schule			x		x
Einstellen des Materials im Intranet oder Schulserver der Institution			x		x

Die erweiterten Lizenzmodelle zu diesem Titel sind jederzeit im Online-Shop unter www.kohlverlag.de erhältlich.

Inhalt

1. **Vorwort und Einführung** .... **4 – 5**

2. **Wasser und Land – der blaue Planet** .... **6 – 10**
   Weltozean – Wasser- und Landhemisphäre – Salz- und Süßwasser

3. **Was ist ein Ozean?** .... **11 – 14**
   Begriff – Merkmale – Lebensraum – Gefährdung

4. **Die fünf Ozeane** .... **15 – 16**
   Arktischer Ozean – Atlantischer Ozean – Pazifischer Ozean – Indischer Ozean – Antarktischer Ozean

   4.1 Arktischer Ozean (Nordpolarmeer) .... **17 – 18**
   Fläche – Lage – Zuflüsse – Eisfläche

   4.2 Atlantischer Ozean .... **19 – 22**
   Fläche – Lage – Nebenmeere – Golfstrom

   4.3 Pazifischer Ozean .... **23 – 27**
   Fläche – Lage – Marianengraben – pazifischer Feuerring

   4.4 Indischer Ozean .... **28 – 32**
   Fläche – Lage – Inseln – Klima

   4.5 Antarktischer Ozean .... **33 – 37**
   Fläche – Lage – Antarktische Konvergenz – Krill

5. **Unterschiede zwischen Meer und Ozean** .... **38 – 41**
   Weltmeer – Randmeere – Binnenmeere – Mittelmeere

6. **Meeresströmungen** .... **42 – 45**
   Entstehung – Oberflächenströmungen – Tiefenströmungen – große Meeresströme

7. **Lösungen** .... **46 – 50**

Bildquellen **51**

1 Vorwort und Einführung

Vom Weltall gesehen erscheint die Erdkugel in kräftigem Blau. Das liegt daran, dass die Erde zu knapp drei Vierteln mit Wasser bedeckt ist. Ozeane und Meere bedecken den größten Teil der Oberfläche der Erde, trotzdem wissen wir relativ wenig über diese Gewässer. Es gibt tatsächlich umfangreichere und detailliertere Karten vom Mars und vom Mond als von den Ozeanen. Schüler* wissen oft wenig über die Ozeane und Meere, deren Besonderheiten und Merkmale.
In den Tiefen der Ozeane schlummern bis heute viele Geheimnisse. Große Teile der Weltmeere sind noch immer völlig unerforscht. Mit den folgenden beispielhaft ausgesuchten Fragen kann man das Interesse der Schüler wecken.

Wusstest Du, dass ...

- ✓ der Atlantische Ozean salziger ist als der Pazifische Ozean?
- ✓ Blauwale mit einem „Bissen“ bis zu 500 kg an Nahrung aufnehmen?
- ✓ mindestens 50 % des Sauerstoffs in der Atmosphäre durch Phytoplankton in den Ozeanen produziert wird? (Durch die ansteigende Meerestemperatur geht der Bestand des Phytoplanktons immer mehr zurück → Klimawandel!)
- ✓ die durchschnittliche Tiefe unserer Ozeane bei ca. 3800 m liegt?
- ✓ die tiefste Stelle, der Marianengraben, rund 11.000 m unter dem Meeresspiegel liegt?

Unterrichtsinhalte und Themen, die sich mit den Ozeanen und Meeren auf der Erde beschäftigen, sind hochaktuell, weil sich aufgrund der Klimakrise die Temperaturen in den Ozeanen verändern, d. h. die Ozeane immer wärmer werden.

Trauriger Rekord: Nordatlantik so warm wie noch nie

Stand: 16.06.2023 14:30 Uhr

Forschende schlagen schon seit längerem Alarm: Die Ozeane werden im Zuge der Klimakrise immer wärmer. Nun werden seit einigen Wochen im Nordatlantik neue Temperatur-Rekorde gemessen. Die Folgen sind gravierend.

Quelle: NDR.de - Nachrichten - NDR Info

Die Ozeane sind unverzichtbar für das Leben auf der Erde. Die Weltmeere liefern Nahrung für mehr als 3 Milliarden Menschen, produzieren etwa die Hälfte des Sauerstoffs, den alle Lebewesen verbrauchen und stabilisieren das Klima.

Der 8. Juni = UN-Welttag der Ozeane

erinnert an die ökologische Bedeutung der Meere und an die Gefahren, denen die Ozeane durch Klimawandel, Verschmutzung und Überfischung ausgesetzt sind.

Um das Bewusstsein der Schüler für diese Problematik zu schärfen/sensibilisieren, ist es zunächst wichtig, grundlegende Kenntnisse über die Ozeane und Meere zu vermitteln. Je mehr die Schüler über unsere Ozeane und Meere erfahren, desto besser können sie und wir alle gemeinsam unseren schönen blauen Planeten verstehen und ihn schützen.

Dieses Buch beinhaltet Themen mit folgenden Schwerpunkten:

- ✓ Wasser- und Landhemisphäre;
- ✓ Salzwasser und Süßwasser – Wasserkreislauf;
- ✓ Was ist ein Ozean? – Bedeutung – Lebensraum – Gefährdung;
- ✓ 5 Ozeane – Lage – Größe – Besonderheiten;
- ✓ Arktischer Ozean – Lage – Nebenmeere;
- ✓ Atlantischer Ozean – Lage – Inseln – Nebenmeere – Golfstrom;
- ✓ Pazifischer Ozean – Lage – Pazifischer Feuerring – Verschmutzung;
- ✓ Indischer Ozean – Lage – Inseln – Klima – Meeresströmungen;
- ✓ Antarktischer Ozean – Lage – Schelfeis – Antarktische Konvergenz.

1 Vorwort und Einführung

Um einen interessanten Einstieg in das Thema „Ozeane & Meere“ zu ermöglichen, bietet es sich an, eine aussagekräftige Abbildung mit den Wasser- und Landflächen der Erde zu zeigen. Dadurch wird bei den Schülern vorhandenes Wissen angesprochen und abgerufen. Es kommt ein erstes Unterrichtsgespräch in Gang, die Schüler bringen ihre Vorkenntnisse, evtl. auch Vermutungen ein – und schon ist man mitten im Thema.

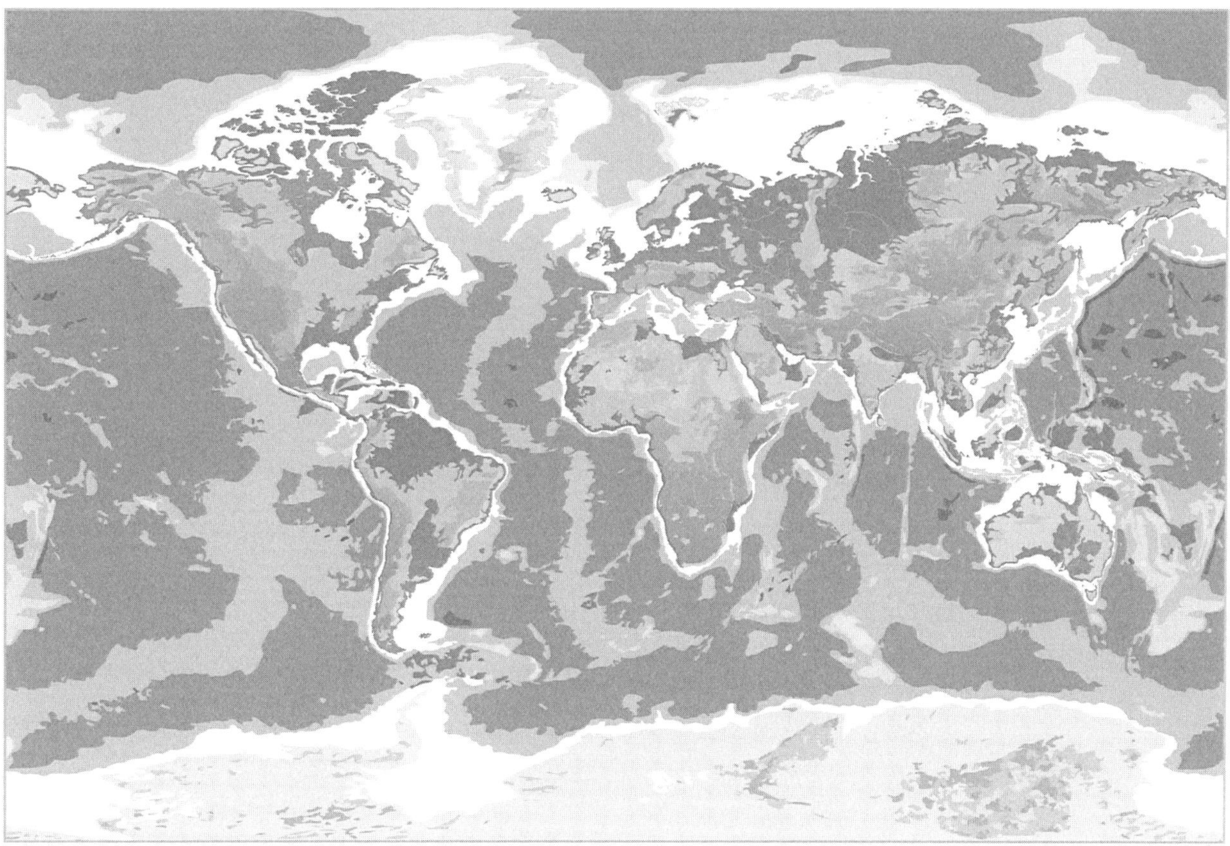

Schritt für Schritt werden den Schülern Kenntnisse über die Ozeane und Nebenmeere mit verständlichen Texten und anschaulichen Abbildungen vermittelt.

Welche Ozeane und Meere gibt es, wo liegen sie, wie groß sind ihre Flächen, wo grenzen sie an, welche Inseln liegen dort, welche Flüsse münden in den Ozean, welche Besonderheiten sind charakteristisch für den Ozean ...?

Grundlegendes Wissen rund um die Ozeane und Meere wird in diesem Buch „schülergerecht“ beschrieben und mit vielen Abbildungen und Karten veranschaulicht. Mit diesen Kenntnissen werden die Schüler in die Lage versetzt, eventuelle ökologische, soziale und wirtschaftliche Folgen der Veränderungen der Ozeane „anders zu sehen“ und zu beurteilen.

Erfolgreiches Lernen, intensive und aufklärungsreiche Unterrichtsgespräche und viel Freude mit diesem Buch wünschen Ihnen das Kohl-Redaktionsteam und

Rudi Lütgeharm

**Mit den Schülern bzw. Lehrern sind im ganzen Heft selbstverständlich auch die Schülerinnen und Lehrerinnen gemeint!*

2 Wasser und Land – der blaue Planet

Weltozean – Wasser- und Landhemisphäre – Salz- und Süßwasser

Die Erde ist vom Weltall gesehen ein blauer Planet. Große Wasserflächen bestimmen das Erscheinungsbild des Planeten. Die blaue Farbe des Wassers ist bestimmend, da dieses etwa zwei Drittel der Erdoberfläche bedeckt.

Die Erde aus dem Weltraum: Blick auf Afrika

Astronauten sehen die Erde aus dem All in ihrer wirklichen Gestalt als Kugel. **Alexander Gerst**, der erste deutsche Kommandant der internationalen Raumstation ISS erzählt: Obwohl er insgesamt schon fast ein Jahr im All verbracht und währenddessen täglich auf die Erde herabgeschaut hat, **könne er sich an diesem Anblick einfach nicht sattsehen**.

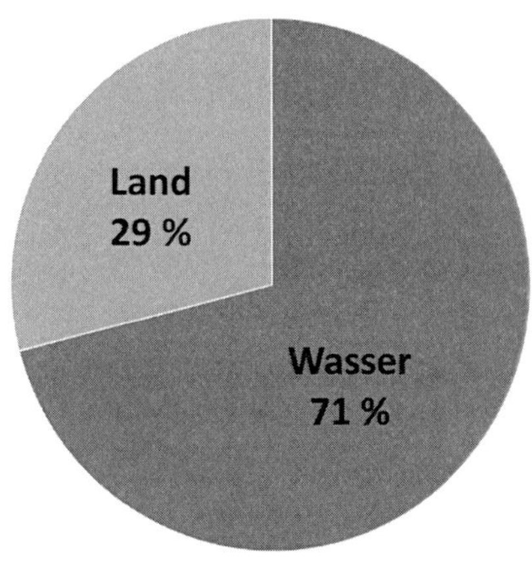

Die Erdoberfläche setzt sich aus der Gesamtheit aller Ozeane und Landmassen zusammen. Die Erde hat eine Oberfläche von 510 Mio. km², davon sind 71 % mit Wasser bedeckt (= 361 Mio. km²) und lediglich 29 % bestehen aus Landmasse (= 149 Mio. km²). Grob kann man sagen, dass die Erde zu etwa 2 Dritteln mit Wasser bedeckt ist.

Wasser- und Landflächen im Vergleich:

Gesamtfläche der Erde	510.000.000 km²	100 %
Wasserfläche	360.570.000 km²	70,7 %
Landfläche	149.430.000 km²	29,3 %

OZEANE & MEERE DER ERDE
Sekundarstufe – Bestell-Nr. 12 946
KOHL VERLAG

2 Wasser und Land – der blaue Planet

Die Wasserhülle, die Kontinente und Inseln umgibt, hat den Namen „**Weltozean**“ erhalten. Das zeitgenössische Konzept des Weltozeans als Ganzes wurde 1917 vom russischen Ozeanographen Yuly Shokalsky (1856-1940) eingeführt. Als Weltozean oder Globaler Ozean wird das miteinander verbundene System aller ozeanischen Gewässer bezeichnet, das den größten Teil der Hydrosphäre[1] bedeckt. Der Weltozean wird in eine Reihe von Hauptgebieten unterteilt, zwischen denen ein relativ ungehemmter Austausch besteht.
In der Regel werden 5 ozeanische Gewässer definiert: Pazifischer Ozean, Atlantischer Ozean, Indischer Ozean, Arktischer Ozean und Antarktischer Ozean (= Südlicher Ozean = Südpolarmeer). Das ozeanische Gewässer ist wiederum von vielen kleineren Meeren, Golfen und Buchten durchsetzt. Die Region des Weltozeans ist ein ausgeprägtes Ökosystem und hat einen großen Einfluss auf das globale Klima.

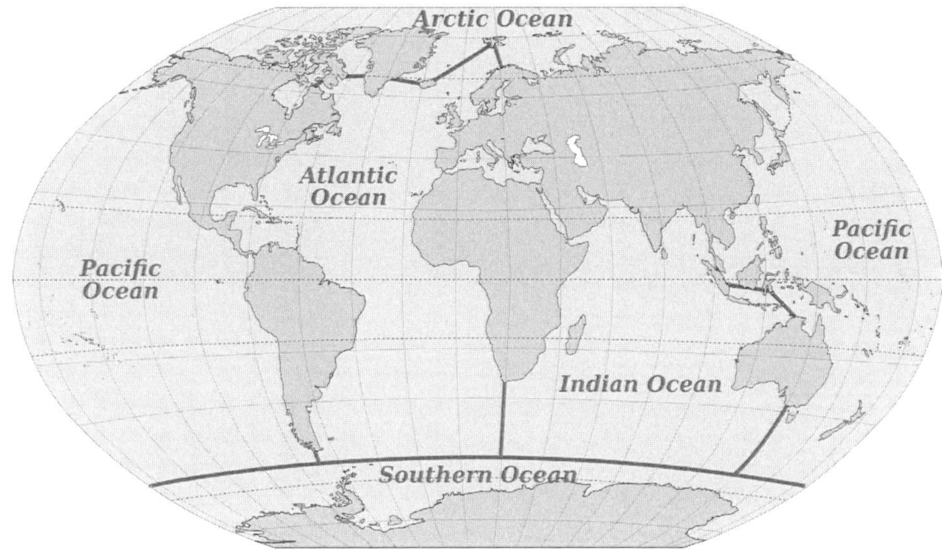

Auf einer Weltkarte wird auf einen Blick deutlich, dass die Erdoberfläche wesentlich mehr Wasser- als Landflächen aufweist und eine klar erkennbare Zweiteilung ihrer Oberfläche in unterschiedlich ausgeprägten Halbkugeln zu erkennen ist.

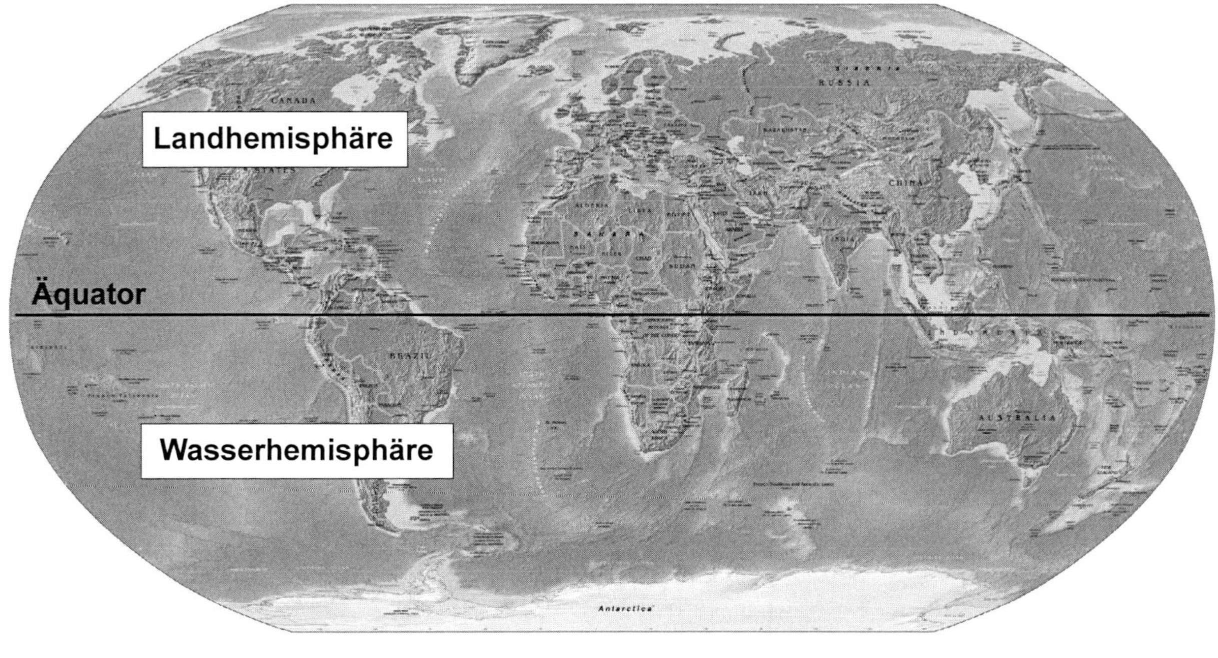

1 Hydrosphäre = mit Wasser bedeckter Teil der Erdoberfläche (Wasservorrat).
Zu ihr gehört das auf der Erdoberfläche stehende und fließende Wasser (Meere, Seen, Flüsse).

2 Wasser und Land – der blaue Planet

Die Oberfläche der Erde von 510 Mio. km² teilt sich in eine Landhemisphäre und eine Wasserhemisphäre auf.

Landhalbkugel (53 % Wasser, 47 % Land)

Als Landhemisphäre oder Landhalbkugel wird die Halbkugel des Erdglobus bezeichnet, die (rechnerisch ermittelt) den größten Festlandanteil aufweist. Die Landhemisphäre umfasst ganz Europa, Afrika, Nordamerika und Grönland, rund 95 % von Asien und 2 Drittel von Südamerika. Ihr Zentrum liegt bei 47°13′N, 1°32′W in der französischen Stadt Nantes in der Region Pays de la Loire. Knapp 85,6 % der Landfläche der Erde liegen auf der Landhemisphäre, deren Oberfläche zu 53 % von Wasser und zu 47 % von Land bedeckt ist. Selbst auf der Landhalbkugel gibt es also mehr Wasserflächen (53 %) als Landflächen (47 %).

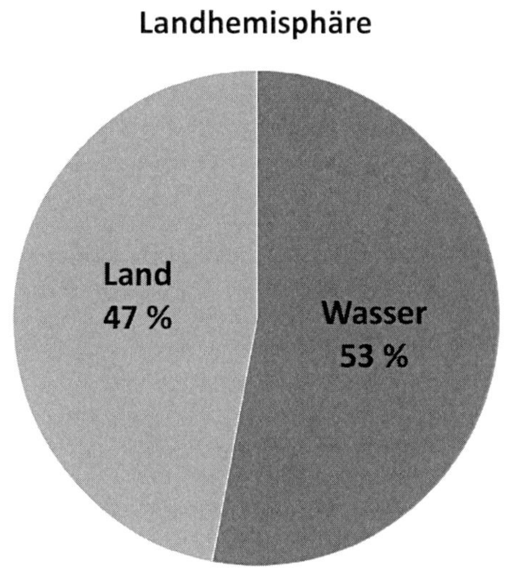

Wasserhalbkugel (89 % Wasser, 11 % Land)

Als Wasserhemisphäre oder Wasserhalbkugel wird die Halbkugel des Erdglobus bezeichnet, die (rechnerisch ermittelt) den größten Wasseranteil aufweist. Auf der Wasserhemisphäre werden 227.000.000 km² (89 %) der Oberfläche von Wasser und nur 28.000.000 km² (11 %) von Land bedeckt. Die Wasserhemisphäre umfasst Australien, die Antarktis, einige Teile Asiens (südöstlicher Teil des Malaiischen Archipels) und Südamerika. Ihr Zentrum liegt im Pazifik östlich der Bountyinseln Neuseelands auf 47°13'S, 178°28'E.

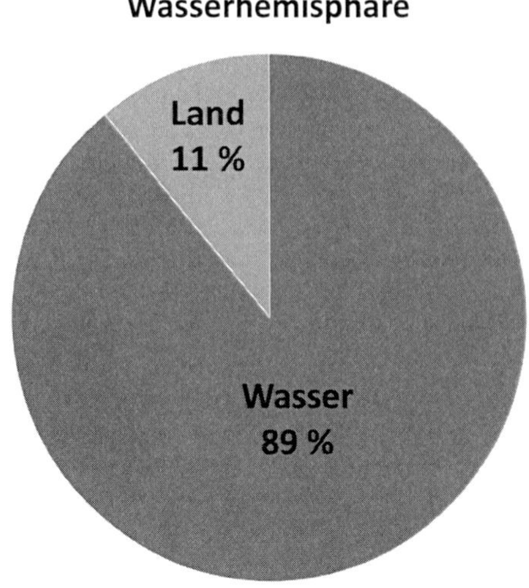

2 Wasser und Land – der blaue Planet

„Erst das Vorhandensein von Wasser ermöglicht Leben“.

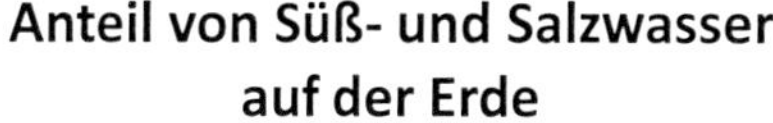

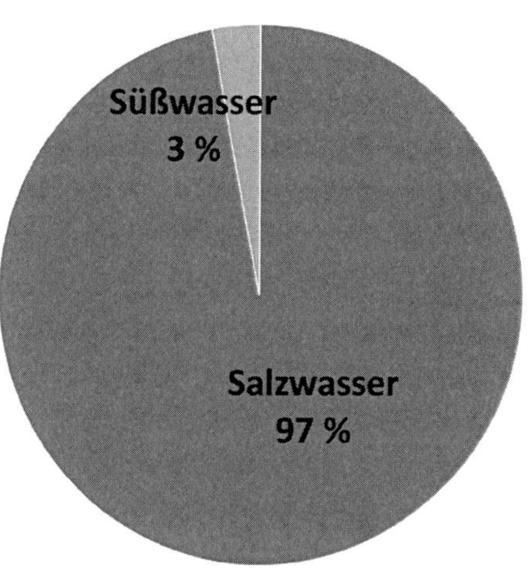

Die Erde ist der einzige Planet im Sonnensystem, auf dem sich flüssiges Wasser auf der Oberfläche befindet. Die Gesamtwassermenge auf der Erde wird auf etwa 1332 Mio. km³ geschätzt. Hiervon ist der weitaus größere Anteil (97 %) Salzwasser, das sich hauptsächlich in den Ozeanen und Nebenmeeren befindet. Das Meerwasser enthält im Durchschnitt 3,5 % Salz.
Das für Menschen und Tiere so wichtige Süßwasser macht davon aber nur einen sehr kleinen Teil von 3 % aus und kommt in den Flüssen und Seen sowie in den Gletschern vor. Außerdem ist das Süßwasser auf der Erde und über das ganze Jahr ungleichmäßig verteilt. Viele Regionen der Erde haben entweder zu viel oder zu wenig Wasser zur Verfügung haben.

Nur 0,0001 % des Wassers auf der Erde ist leicht zugängliches Süßwasser.

Das meiste Süßwasser befindet sich im antarktischen Eis – insgesamt sind rund drei Viertel des Süßwassers in Gletschern und Eisdecken gebunden. Flüssiges Süßwasser ist als Grundwasser in den Hohlräumen der Lithosphäre[2] eingelagert. Nur 0,0001 % des gesamten Wassers auf der Erde findet sich leicht zugänglich in Flüssen und Seen, im Boden, in Lebewesen und in der Atmosphäre. Dieses Wasser bildet den Wasserkreislauf der Erde.

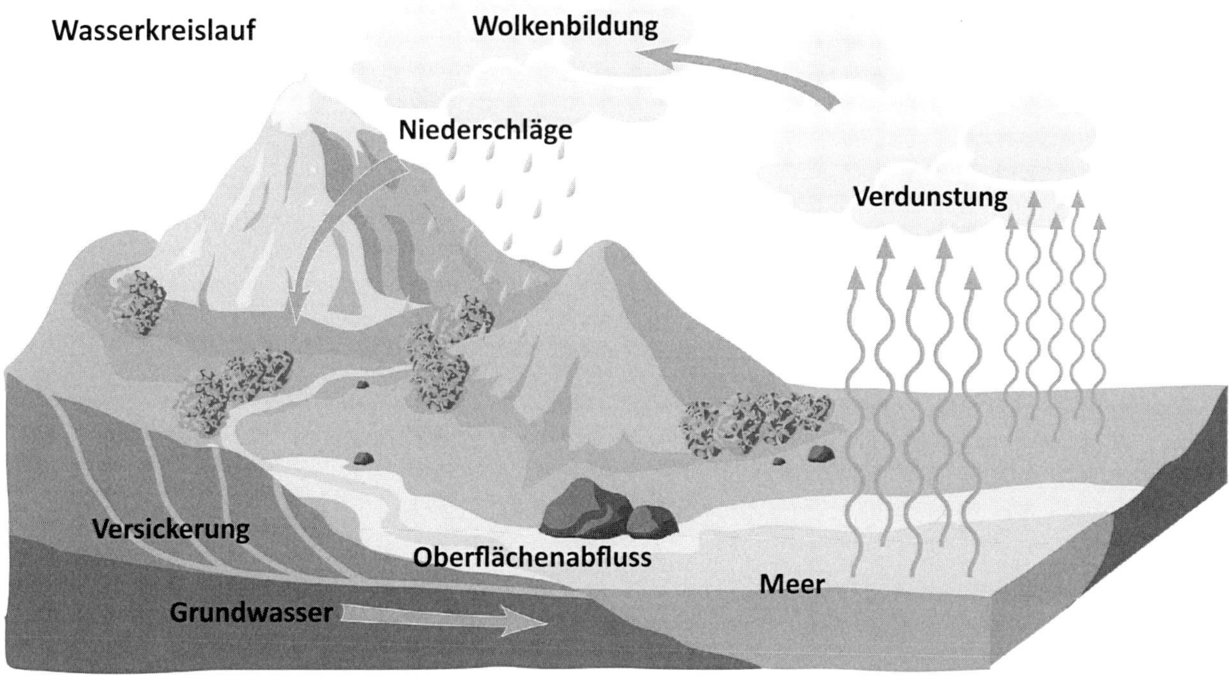

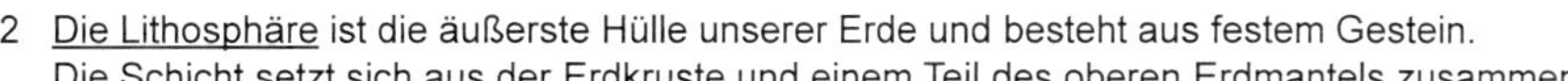

2 Die Lithosphäre ist die äußerste Hülle unserer Erde und besteht aus festem Gestein. Die Schicht setzt sich aus der Erdkruste und einem Teil des oberen Erdmantels zusammen.

2 Wasser und Land – der blaue Planet

Der Motor des Wasserkreislaufs ist die Sonne. Sie erwärmt das Wasser der Ozeane, Meere, Seen und Flüsse so stark, dass es verdunstet. Auch Pflanzen geben durch winzige Öffnungen Wasserdampf in die Atmosphäre ab. Die feuchte Luft steigt nach oben, winzige Wassertröpfchen sammeln sich in der Höhe und bilden Wolken.

Als Regen, Hagel oder Schnee fällt das Wasser zurück auf die Erde und in die Ozeane/Meere. Fällt es auf die Erde, versickert es im Boden oder fließt über Bäche/Flüsse zurück ins Meer. Dann beginnt der ewige Kreislauf aus Verdunstung, Niederschlag und Versickern/Abfließen erneut.

Aufgabe 1: 

Was versteht man unter dem Begriff des Weltozeans und wer hat diesen Begriff eingeführt?

Aufgabe 2: 

Erläutere den Begriff der Landhemisphäre. Welche Gebiete umfasst die Landhemisphäre?

Aufgabe 3: 

Beschrifte die Grafik mit den passenden Begriffen an der richtigen Stelle.

3 Was ist ein Ozean?

Begriff – Merkmale – Lebensraum – Gefährdung

Das Wort „Ozean“ kommt aus dem Griechischen (Ὠκεανός = Ōkeanós) und bedeutet *„der die Erdscheibe umfließende Weltstrom“*. Als Ozeane bezeichnet man die größten Meere der Erde, es sind die gewaltigen Wassermassen gemeint, die unseren Planeten zu einem Großteil bedecken. Die Ozeane liegen zwischen den Kontinenten und werden teilweise nach den Regionen des Festlandes benannt, an die sie angrenzen. Die Ozeane mit ihren Nebenmeeren sorgen auch dafür, dass die Erde blauer Planet genannt wird, da die Erde zu 71 % mit Wasser (Ozeane und Nebenmeere) bedeckt ist. Ganz allgemein werden diese Gewässer in Ozeane, Meere, Seen und Flüsse unterteilt.
Der Pazifische Ozean, Atlantische Ozean, Indische Ozean, Arktische Ozean und der Antarktische Ozean (Südlicher Ozean) sind die größten Meere unserer Erde und werden im Deutschen umgangssprachlich auch als Weltmeere bezeichnet.

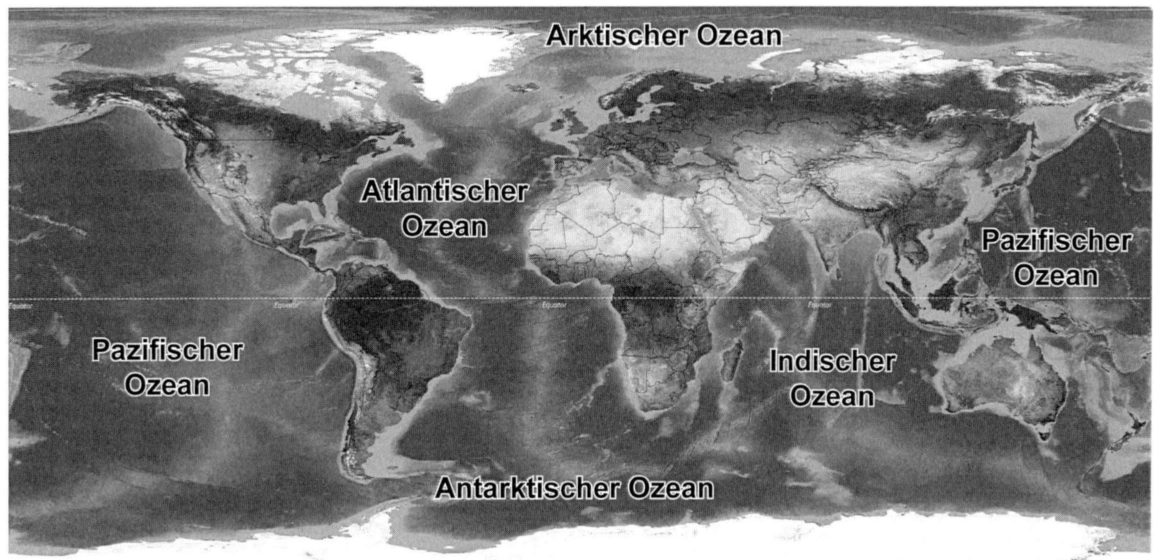

Merkmale und Besonderheiten von Ozeanen (eine Auswahl):

- Geografisch gesehen bedecken die Ozeane den größten Teil der Erde.
- Ein Ozean ist eine viel größere offene Wasserfläche als ein Meer.
- Ozeane sind von Kontinenten begrenzt.
- Das Wasser der Ozeane ist nicht überall gleich.
- Die Durchschnittstemperatur im Weltmeer liegt bei 18 °C.
- Der Indische Ozean ist der wärmste aller Ozeane.
- Der Salzgehalt von Meerwasser beträgt durchschnittlich zwischen 3 und 4 %.
- Der Atlantische Ozean hat den höchsten Salzgehalt aller Ozeane.
- Die Gesamtfläche aller Ozeane beträgt 361.000.000 km².
- Der pazifische Ozean ist mit 180.000 km² flächenmäßig der größte aller Ozeane und an seiner breitesten Stelle etwa 15.400 km breit.
- Die durchschnittliche Tiefe des Ozeans beträgt 3700 m. Der Marianengraben ist mit 11.034 m die tiefste Stelle der Erde.
- Der Arktische Ozean (das Meer um den Nordpol) ist mit 15.000.000 km² der kleinste aller Ozeane.
- Die Weltmeere liefern mindestens die Hälfte des weltweiten Sauerstoffs = (Phytoplankton) und speichern etwa 50-mal mehr Kohlenstoff als die Atmosphäre.
- Die Ozeane beeinflussen das Klima der Erde durch einen ständigen Wärmetransfer vom Äquator zu den Polen.
- Durch die Verdunstung auf den Meeresoberflächen entsteht Regen auf großen Gebieten der Landflächen der Erde (Wasserkreislauf).
- Experten schätzen, dass etwa 1 Mio. Tierarten in den Ozeanen leben, wobei sie allerdings nicht gleichmäßig über den Globus verteilt sind.
- Die Wasserbewegungen der Ozeane sorgen dafür, dass sich Form und Ausmaße der Küsten ständig verändern.

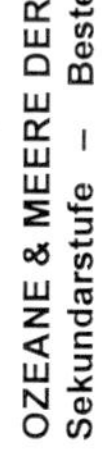

3 Was ist ein Ozean?

Salzgehalt der Ozeane an Beispielen:

→ Pazifischer Ozean = 3,45 %
→ Atlantischer Ozean = 3,54 %
→ Indischer Ozean = 3,48 %
→ Nordsee (Randmeer) = 3,2-3,5 % (in der Nähe von Flussmündungen noch 1,5-2,5 %)
→ Ostsee (Binnenmeer) = 0,2-2,0 % (nur geringer Austausch mit dem Atlantik)

Die einzelnen Ozeane weisen weitere Unterschiede auf, z. B. was ihren Salzgehalt, ihr Volumen, ihre Meeresströmungen und das Gezeitensystem betrifft. Außerdem gibt es verschiedene Nebenmeere der Ozeane, z. B. das Mittelmeer, das Karibische Meer und das Gelbe Meer.

Ozeane bedecken den größten Teil der Erdoberfläche, trotzdem wissen wir relativ wenig über sie. Es gibt umfangreichere und detailliertere Karten vom Mars und vom Mond als von unseren Ozeanen. Viele Gebiete der Ozeane sind bis heute noch völlig unerforscht, denn die Unterwasserwelt ist unglaublich vielseitig. Es ist also möglich, dass es noch viele unbekannte Meereslebewesen gibt.

Inmitten der Ozeane ziehen sich Unterwassergebirge durch alle Weltmeere. An manchen Stellen ragen sie als Inseln über den Meeresspiegel hinaus. Island liegt z. B. direkt auf dem mittelatlantischen Rücken, dem längsten Gebirge der Welt.

Auch tiefe Gräben durchziehen die Ozeane. Die meisten Gräben liegen im Pazifik, z. B. ist der tiefste Graben der Welt der **Marianengraben** mit 11.034 m unter dem Meeresspiegel. Nur der Meeresforscher Jaques Piccard und sein Begleiter Don Walsh sind im Jahr 1960 dort unten gewesen.

Der Mittelatlantische Rücken in Island

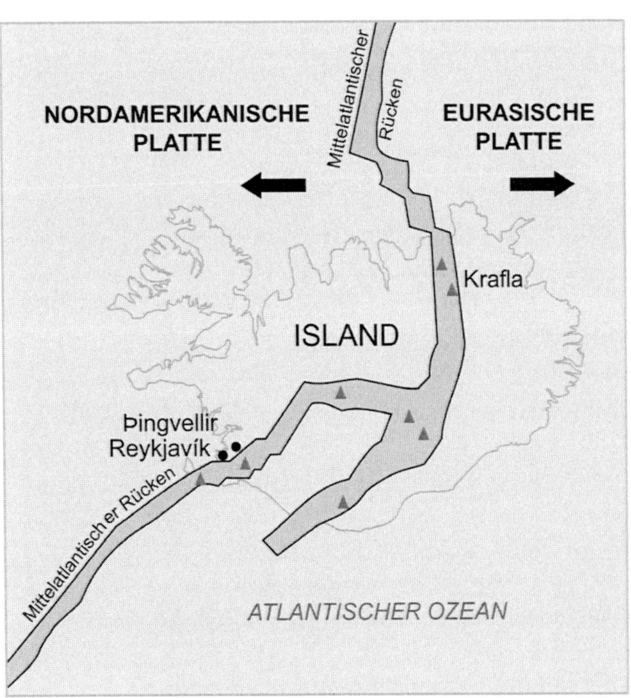

Marianengraben

Der Wasserdruck des Marianengrabens liegt an seiner tiefsten Stelle bei 1086 bar, also etwa 1,1 Tonnen pro cm.

OZEANE & MEERE DER ERDE
KOHL VERLAG

3 Was ist ein Ozean?

Rund um die Kontinente liegen die flachen Schelfmeere. Das Schelfmeer wird häufig auch als **Flachsee** oder **Flachmeer** bezeichnet. Bei einem Schelf handelt es sich um eine gering seewärts geneigte Plattform, die bis zu 200 m unter dem Meeresspiegel liegt. Das Schelfmeer ist die „Kinderstube“ vieler Fischarten und insgesamt reich an verschiedenen Tier- und Pflanzenarten. Erst einige Kilometer von der Küste entfernt (im Schnitt nach 74 km) endet der flache Schelfbereich mit der Schelfkante. Von dieser Kante geht es nun steil nach unten auf etwa 3800–4000 m Tiefe. In die Tiefsee dringt kein Licht mehr vor, deshalb wachsen dort unten auch keine Pflanzen.

Bedeutung der Ozeane

Ozeane haben eine große Bedeutung für uns Menschen und alle anderen Lebewesen auf der Erde. Da 71 % der Erdoberfläche von Wasser bedeckt ist, stellen diese Wasserflächen (Meere/Ozeane) auch den größten Lebensraum auf der Erde dar. Bisher konnten aber nur rund 5 % der Ozeane erforscht werden, weil die derzeitige Technologie noch nicht ausreicht, um dem hohen Druck der Tiefsee standzuhalten.

Die Bedeutung der Ozeane für die Existenz der Menschen und vieler anderer Lebewesen ist heute unbestritten. Durch einen engagierten Meeresschutz versucht man heute, das Leben im Wasser zu schützen und nachhaltig zu bewahren.

Lebensraum

Ozeane sind der Lebensraum für viele Lebewesen, z. B. mikroskopisch kleine Algen und Einzeller, Fische, Plankton und Krebse, Delfine, Rochen und Haie sowie die weltweit größten Tiere – die Wale.

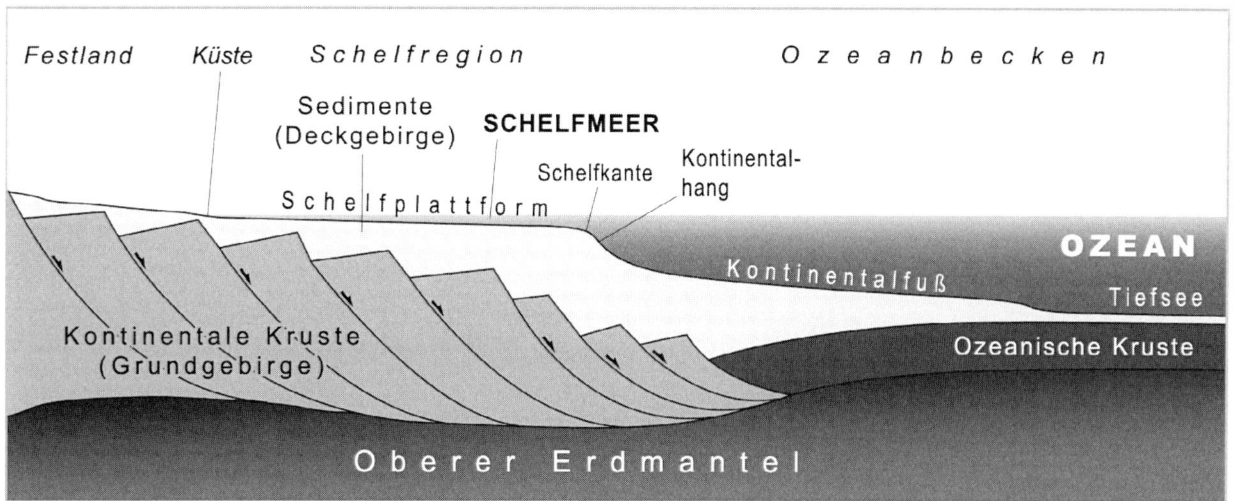

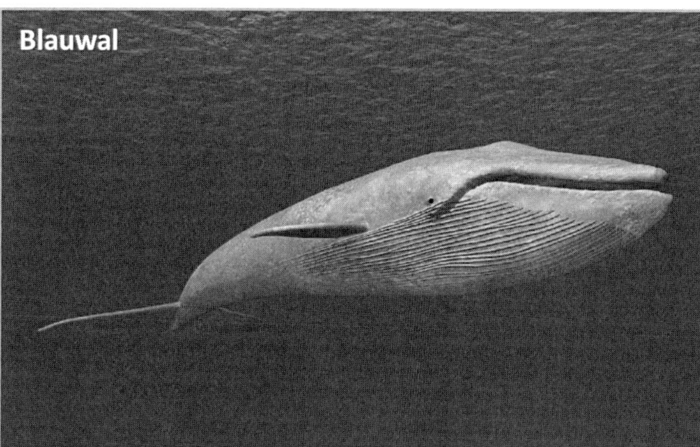

3 Was ist ein Ozean?

Sauerstoffproduktion

Ozeane kann man auch als Lungen der Erde bezeichnen. Pflanzliches Plankton[1] (= Phytoplankton – vor allem bestehend aus Kieselalgen, Grünalgen, Goldalgen) ist für die Produktion eines Großteils des Sauerstoffs in der Atmosphäre verantwortlich. Nach verschiedenen Schätzungen beträgt der vom Phytoplankton produzierte Anteil etwa die Hälfte oder sogar 70-80 %. Vor allem durch die ansteigenden Meerestemperaturen ist die Menge des marinen Phytoplanktons seit 1950 um 40 % zurückgegangen.

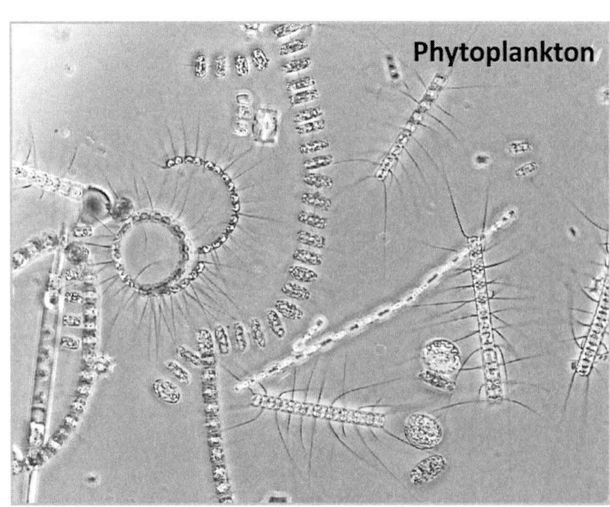

Klimawandel und seine Folgen

Durch den Klimawandel ist der Lebensraum Ozean stark betroffen – Temperaturerhöhung, Versäuerung[2] der Meere und der zunehmende Sauerstoffmangel verändern die Gewässer und wirken sich auf die Lebensbedingungen der Lebewesen aus. Für den menschengemachten Klimawandel haben Ozeane eine große Bedeutung. Sie speichern Wärme und nehmen so einen großen Teil der Erderwärmung auf. Man bezeichnet die Meere deshalb auch als Klimapuffer.

Gefährdung der Ozeane durch den Menschen

Die Menschen gefährden mit ihrer Lebensweise und ihren Eingriffen in die Natur auch das Ökosystem Meer …

- Abwässer führen zu Eutrophierung[3] im Meer.
- Plastikmüll wird von vielen Tieren mit Nahrung verwechselt und führt zum Erstickungstod.
- Schwermetalle aus der Industrie vergiften langsam die Fische.
- Die Erderwärmung bzw. die Erwärmung des Wassers verursacht Pflanzensterben und gefährdet Tierarten. Viele Lebewesen schaffen es nicht, sich schnell genug an die neuen (veränderten) Bedingungen anzupassen und sterben aus.
- Erdöl aus Schiffskatastrophen und Bohrinseln vergiften Tiere und Mikroorganismen.
- Dauerhafte Überfischung gefährdet und zerstört langfristig die Fischbestände.
- Düngemittel aus der Landwirtschaft fördern das Algenwachstum.

<u>Aufgabe 1</u>: 

Was bezeichnet man als Ozeane und woher kommt das Wort?

<u>Aufgabe 2</u>: 

Nenne Beispiele für die Gefährdung der Ozeane durch den Menschen.

<u>Aufgabe 3</u>: 

Warum bezeichnet man die Ozeane als Lungen der Erde?

---

1 <u>Plankton</u> ist die Bezeichnung für die Gesamtheit der Organismen, die im freien Wasser („schwebend“, ohne oder mit geringer Eigenbewegung) leben und deren Schwimmrichtung von den Wasserströmungen vorgegeben wird.

2 <u>Meere versauern</u> durch eine erhöhte Aufnahme von Kohlendioxid aus der Luft. Sie gelten als großer CO_2-Speicher. Wenn aber zu viel CO_2 in der Luft ist, nehmen die Meere auch mehr auf und dadurch nimmt ihr ph-Wert ab (= saurer).

3 <u>Eutrophierung</u> bezeichnet die Anreicherung von Nährstoffen in einem Ökosystem.

4 Die fünf Ozeane

Arktischer Ozean – Atlantischer Ozean – Pazifischer Ozean – Indischer Ozean – Antarktischer Ozean

Ozeane sind die Wasserflächen/-massen, die zwischen den Kontinenten liegen. Die größten Meere der Erde werden als Ozeane bezeichnet. Man nennt sie auch Weltmeere. Insgesamt sind 71 % der Erdoberfläche von Ozeanen und deren Nebenmeeren bedeckt. In der Umgangssprache ist häufig nur von 3 Ozeanen die Rede, insgesamt gibt es aber 5 Ozeane – siehe Karte.

Die Ozeane unterscheiden sich drastisch in ihrer Größe. Der Pazifik ist mit 165,2 Mio. km² mit Abstand das größte Gewässer. Der Pazifik erstreckt sich vom Norden des Globus bis in den Süden und grenzt an zahlreiche Länder Asiens und Amerikas. Der arktische Ozean befindet sich ausschließlich in der Nordpolarregion und ist mit 15 Mio. km² der kleinste Ozean. Die Gesamtfläche aller Ozeane beträgt 380.000.000 km².

Die einzelnen Ozeane befinden sich zwischen den Kontinenten und sind alle miteinander verbunden, trotzdem unterscheiden sie sich durch ihre Besonderheiten, z. B. …

- ist der Pazifik der weitaus größte aller Ozeane;
- ist der Atlantik der Ozean mit dem höchsten Salzgehalt;
- ist der Indische Ozean der wärmste aller Ozeane;
- befinden sich in den einzelnen Ozeanen verschiedene Inseln und Inselgruppen;
- weisen die Ozeane unterschiedliche Meeresströmungen auf usw.;
- haben die einzelnen Ozeane verschiedene Nebenmeere, z. B. das Mittelmeer, das karibische Meer oder das Gelbe Meer.

Die Worte „Ozean“ und „Meer“ werden häufig für das Gleiche verwendet, obwohl das nicht korrekt ist. Ozeane sind viel größere offene Wasserflächen als Meere. Meere sind viel kleiner und teilweise von Land umschlossen. Die durchschnittliche Tiefe der Ozeane beträgt ca. 3700 m, aber einige Teile der Ozeane sind viel tiefer (Marianengraben 11.034 m). Würde man z. B. den Mount Everest auf den Grund des Marianengrabens legen, wäre er komplett unter Wasser.

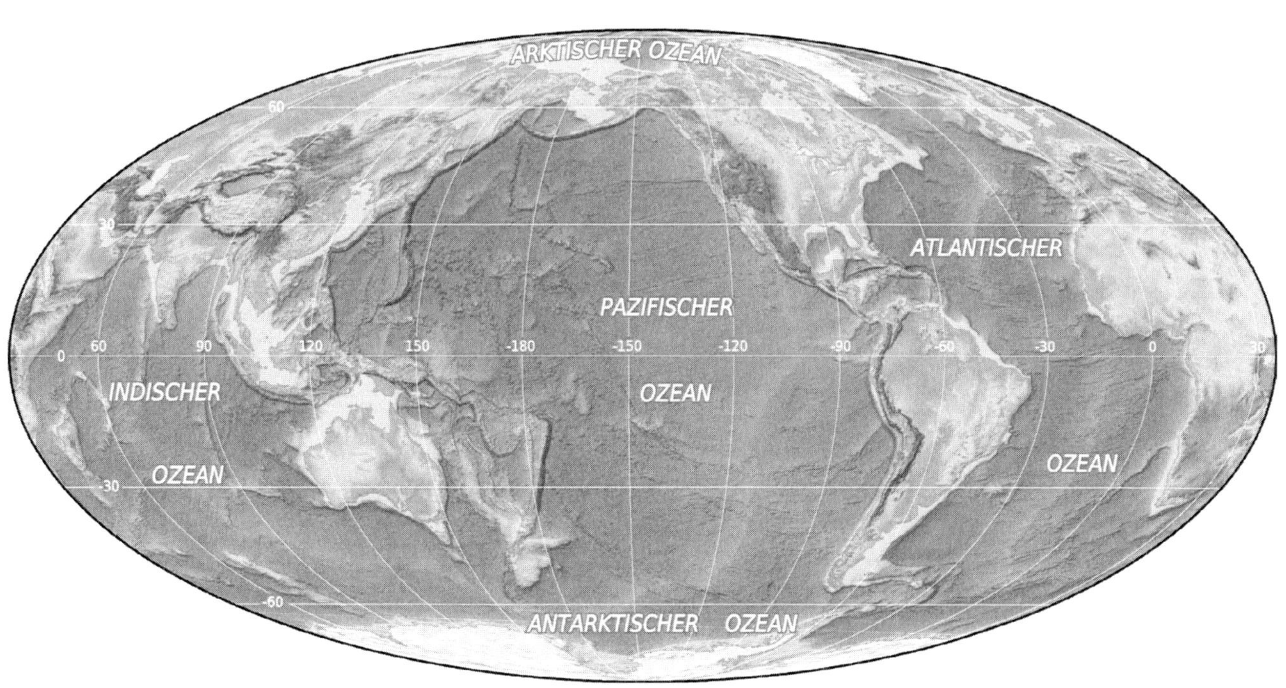

OZEANE & MEERE DER ERDE
Sekundarstufe – Bestell-Nr. 12 946
KOHL VERLAG

4 Die fünf Ozeane

Die 5 Ozeane der Erde im Vergleich

Name	Fläche in Mio. km²	Tiefster Punkt in m	Anteil der Erdoberfläche
Arktischer Ozean	14,06	5669	3 %
Atlantischer Ozean	79,77	8376	16 %
Pazifischer Ozean	165,20	11.034	32 %
Indischer Ozean	70,56	7100	14 %
Antarktischer Ozean	20,33	5805	4 %

Ozeane - Flächen in Mio. km² im Vergleich

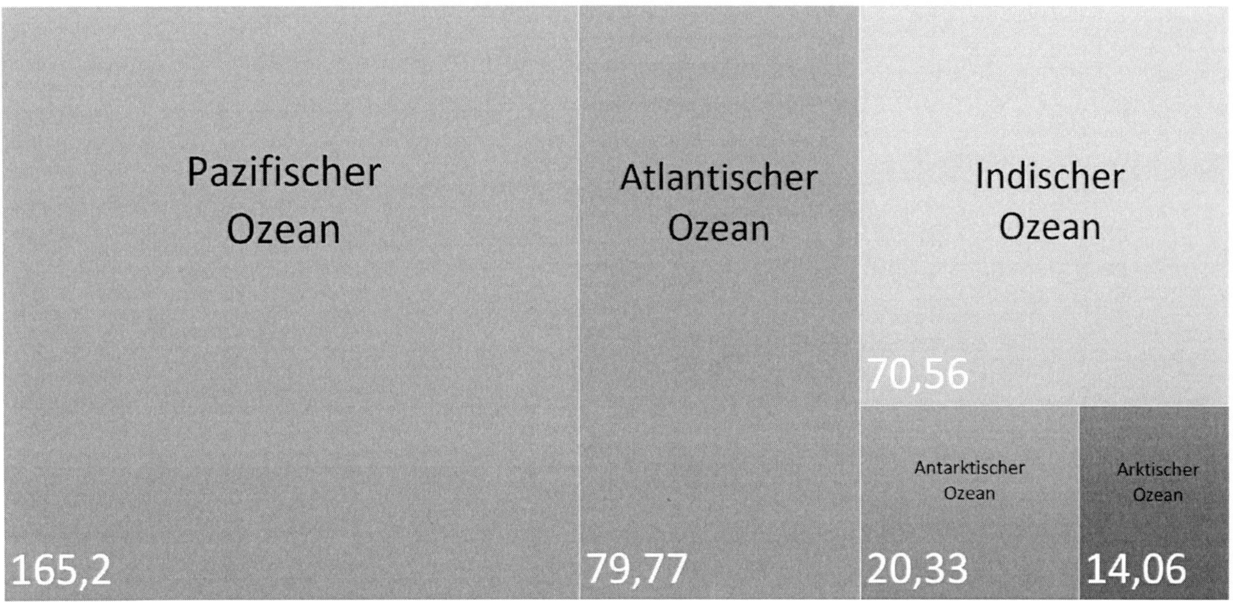

Im Folgenden werden die 5 Ozeane und ihre Besonderheiten genauer erläutert.

Folgende Punkte werden hierbei u. a. angesprochen: Name und Benennung des Ozeans, seine Fläche, geografische Lage, Wassertiefe, Verbindung zum benachbarten Ozean, Nebenmeere, Zuflüsse, Inseln und angrenzende Länder. Die anschaulichen Karten unterstützen den Lernprozess und helfen dabei, den jeweiligen Ozean besser „einordnen" zu können – „man sollte schon grundsätzlich wissen, wo der jeweilige Ozean liegt und welche Länder/Gewässer an ihn angrenzen."

Aufgabe 1: 

Erstelle ein Säulendiagramm mit den Flächen der Ozeane in Mio. km² (Zahlen gerundet).

Aufgabe 2: 

Welches ist der wärmste Ozean? Nenne seine Fläche und seinen tiefsten Punkt.

Aufgabe 3: 

Was sind Ozeane und wieviel Prozent der Erdoberfläche bedecken sie?

4 Die fünf Ozeane

4.1 Arktischer Ozean (Nordpolarmeer)

Fläche – Lage – Zuflüsse – Eisfläche

- Der Arktische Ozean ist mit einer Fläche von 14,06 Mio. km² der kleinste Ozean der Erde. Er ist bis zu 5608 m tief, die durchschnittliche Wassertiefe beträgt 987 m. Der Arktische Ozean wird häufig auch als Nordpolarmeer, Arktische See oder Nördliches Eismeer bezeichnet.
- Ein großer Teil des arktischen Ozeans wird von Eis bedeckt. Je nach Jahreszeit nimmt die Eisbedeckung zu oder ab. Insgesamt hat die Eisfläche seit den 1970er Jahren deutlich abgenommen (Klimawandel).
- Der Arktische Ozean liegt ausschließlich auf der Nordhalbkugel. Er grenzt an den Atlantischen und Pazifischen Ozean sowie an die Kontinente Europa, Asien und Nordamerika.

Der arktische Ozean grenzt an folgende Länder bzw. Landesteile:
Kanada, USA (Bundesstaat Alaska), Grönland (gehört zu Dänemark), Island, Norwegen und Russland.

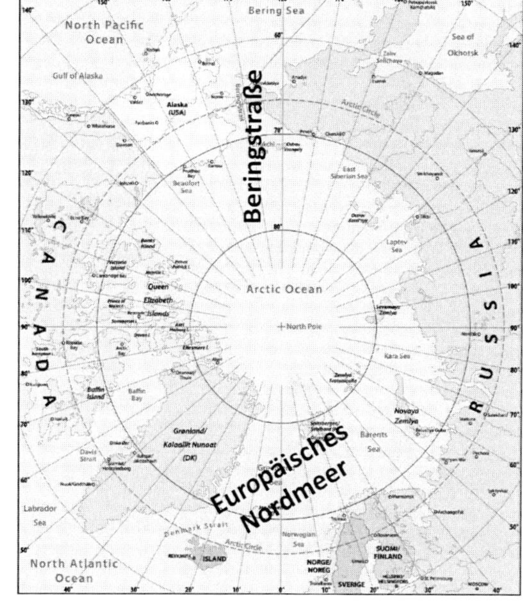

Die politische Zugehörigkeit verschiedener Teile des Arktischen Ozeans zu den Anrainerstaaten ist umstritten. Die Verbindung zum Atlantischen Ozean stellt das rund 1500 km breite Europäische Nordmeer dar, das zwischen Grönland und Nordeuropa liegt. Die 85 km breite Beringstraße ist die einzige Verbindung zwischen Arktischem und Pazifischem Ozean.

Große Flüsse, die in den Arktischen Ozean münden (eine Auswahl) – siehe Karte nächste Seite

- Russland (Sibirien): Ob, Jenissei, Lena, Kolyma
- Kanada: Mackenzie River
- Alaska (USA): Yukon River

Die in den Ozean eingetragene Wassermenge durch die sibirischen Flüsse ist etwa 3-4-mal größer als die der nordamerikanischen Zuflüsse.

Walrosse in der Barentssee

500 km vom Nordpol: Drei Eisbären betrachten neugierig das U-Boot USS Honolulu

4 Die fünf Ozeane

Nebenmeere des Arktischen Ozeans (eine Auswahl)

Name	Fläche in km²	Art
Beaufortsee	476.000	Randmeer
Grönlandsee	1.205.000	Randmeer
Europäisches Nordmeer	1.100.000	Randmeer
Barentssee	1.405.000	Randmeer
Karasee	880.000	Randmeer
Laptewsee	660.000	Randmeer
Ostsibirische See	936.000	Randmeer
Hudson Bay	1.230.000	Binnenmeer
Tschuktschensee	582.000	Randmeer

Aufgabe 1: 

An welche Länder grenzt der Arktische Ozean?

Aufgabe 2: 

Nenne die Besonderheiten des Arktischen Ozeans.

Aufgabe 3: 

Nenne die Randmeere des Arktischen Ozeans mit einer Fläche von über 1 Mio. km².

4.2 Atlantischer Ozean

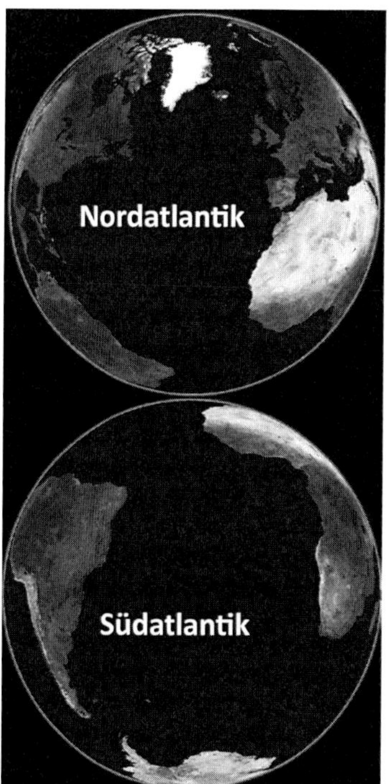

Fläche – Lage – Nebenmeere – Golfstrom

Der Atlantische Ozean ist mit einer Fläche von 79,77 Mio. km² der zweitgrößte Ozean der Erde. Der Atlantische Ozean liegt fast ausschließlich auf der Westhalbkugel der Erde. Er trennt Amerika von Europa und Afrika. Der Atlantik liegt zwischen den Kontinenten Nord- und Südamerika auf der einen Seite und Europa sowie Afrika auf der anderen Seite.

Der Atlantik grenzt …
- im Norden an die Arktis bzw. den Arktischen Ozean,
- im Süden an die Antarktis bzw. den Antarktischen Ozean,
- im Osten an Afrika und den Indischen Ozean,
- im Nordwesten an Nordamerika,
- im Nordosten an Europa,
- im Südwesten an Südamerika.

Man unterteilt ihn auch manchmal entlang der Wendekreise in den Nord-, Zentral- und Südatlantik. Die größte Breite von 9000 km weist der Atlantische Ozean zwischen dem Golf von Mexiko und dem Senegal (Land in Westafrika) auf. Die geringste Breite von 1500 km befindet sich zwischen Grönland und Norwegen. Die tiefste Stelle des Atlantiks beträgt 9219 m, die durchschnittliche Wassertiefe beträgt 3293 m. Aufgrund des umfangreichen Handels zwischen Europa und Nordamerika ist der Atlantik der verkehrsreichste Ozean.

- Die Straße von Gibraltar ist eine bekannte Verbindung des Atlantiks zum Mittelmeer und trennt dort Europa (Gibraltar = Großbritannien) von Afrika (Marokko).
- Der Panamakanal verbindet auf 82 km Länge den Pazifik mit dem Atlantik.
- Durch das Europäische Nordmeer hat der Atlantik auch eine Verbindung zum asiatischen Kontinent.
- Mit dem Arktischen Ozean wird der Atlantik durch die Dänemarkstraße zwischen Island und Grönland sowie der Baffin Bay zwischen Grönland und Kanada verbunden.
- Zwischen dem Atlantik und dem Pazifik besteht durch die Magellan-Straße und die Kap-Horn-Gewässer eine natürliche Verbindung.
- Die Grenze zwischen dem Atlantischen Ozean und dem Indischen Ozean verläuft südlich von Kap Agulhas (südlichster Punkt Afrikas).
- Die Grenze zum Antarktischen Ozean wird durch den 60. Breitengrad markiert.

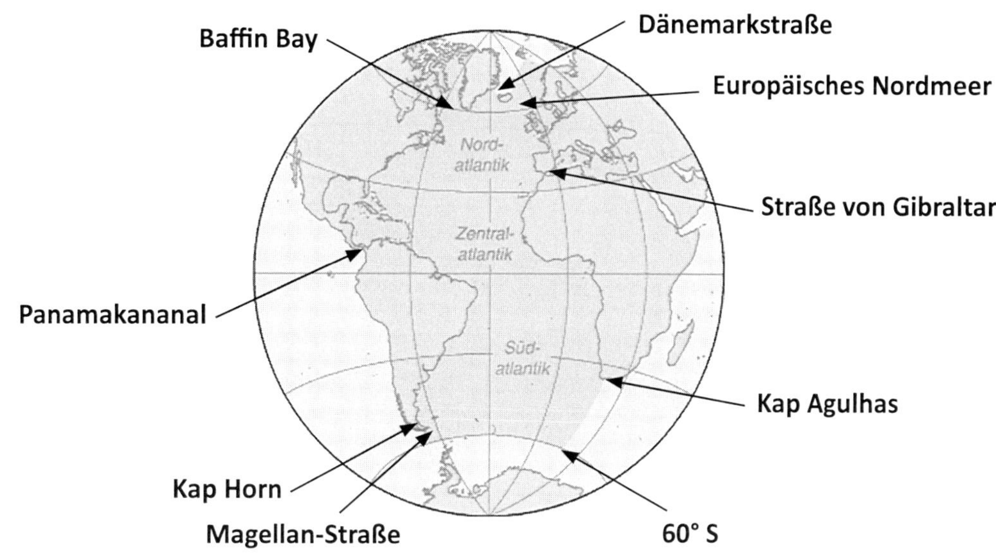

4 Die fünf Ozeane

Der atlantische Ozean mit seinen Nebenmeeren grenzt an zahlreiche Staaten auf verschiedenen Kontinenten.

- **Im Westen – Nord- und Mittelamerika**: Kanada, USA, Mexiko und die mittelamerikanischen Staaten.
- **Im Westen – Südamerika**: Kolumbien, Venezuela, Guayana, Suriname, Franz. Guayana, Brasilien, Uruguay, Argentinien.
- **Im Osten – Europa**: Fast alle europäischen Staaten (mit Ausnahme im äußersten Norden) liegen am Atlantischen Ozean und seinen Nebenmeeren.
- **Im Osten – Afrika**: Alle Küstenstaaten im Norden und im Osten Afrikas haben einen Zugang zum Atlantischen Ozean. Beispielhaft werden hier die Länder im Osten Afrikas genannt, die südlich des Äquators liegen: Gabun, Kongo, Angola, Namibia, Südafrika.

Und nicht zu vergessen: Über das Mittelmeer und das Schwarze Meer wird Asien mit dem Atlantik verbunden.

Große Flüsse, die in den Atlantischen Ozean münden:

- **Nordamerika**: Mississippi – St. Lorenz-Strom – Rio Grande
- **Südamerika**: Orinoco – Amazonas – Tocantins – Sao Francisco – Rio de la Plata (Mündung von Parana und Uruguay)
- **Europa**: Tejo (Tajo)
- **Afrika**: Senegal – Niger – Kongo – Oranje

Große Inseln innerhalb des Atlantischen Ozeans (eine Auswahl):
Einige der größten Inseln der Erde liegen im Atlantischen Ozean, und zwar:
Britische Inseln – Irland – Island – Grönland und Neufundland.

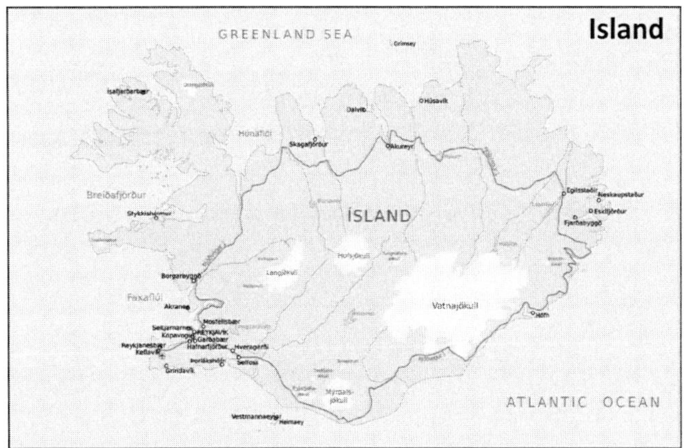

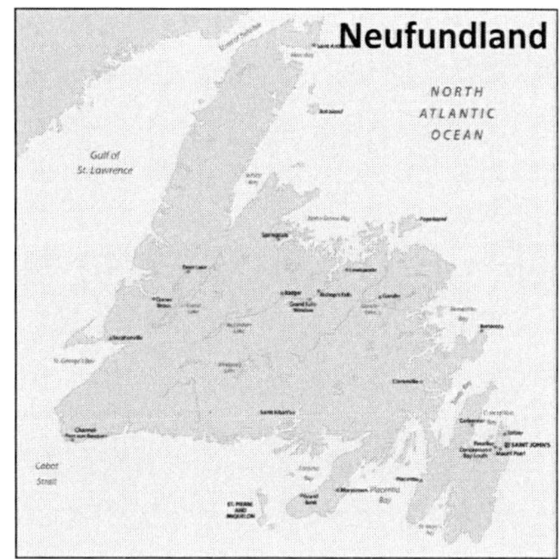

Außerdem liegen einige Archipele[1] innerhalb des Atlantischen Ozeans: u. a. die Bahamas, die Azoren, die Bermudas, die Falklandinseln, die Großen und Kleinen Antillen.

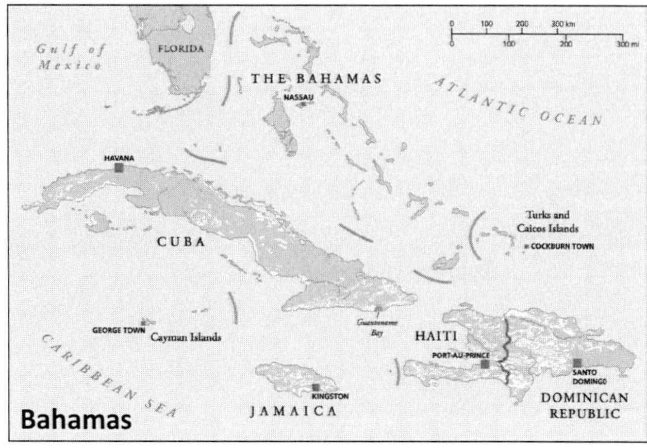

1 Archipel, heute allgemein verwendeter Begriff für Inselgruppen in den Weltmeeren.

4 Die fünf Ozeane

Nebenmeere des Atlantischen Ozeans

Binnenmeere

– Ostsee (A)	= 413.000 km²
– Hudson Bay (B)	= 1.230.000 km²
– Europäisches Mittelmeer (C)	= 2.500.000 km²
– Amerikanisches Mittelmeer (D)	= 4.354.000 km²

Randmeere

– Europäisches Nordmeer (1)	= 1.380.000 km²
– Nordsee (2)	= 575.000 km²
– Kattegat (3)	= 22.000 km²
– Ärmelkanal (4)	= 75.000 km²
– Biskaya (5)	= 223.000 km²
– Irische See (6)	= 104.000 km²
– Keltische See (7)	= 300.000 km²
– Sargassosee (8)	= 5.300.000 km²
– Baffin Bay (9)	= 689.000 km²
– Labradorsee (10)	= 841.000 km²
– St.-Lorenz-Golf (11)	= 240.000 km²
– Golf von Guinea (12)	= 600.000 km²

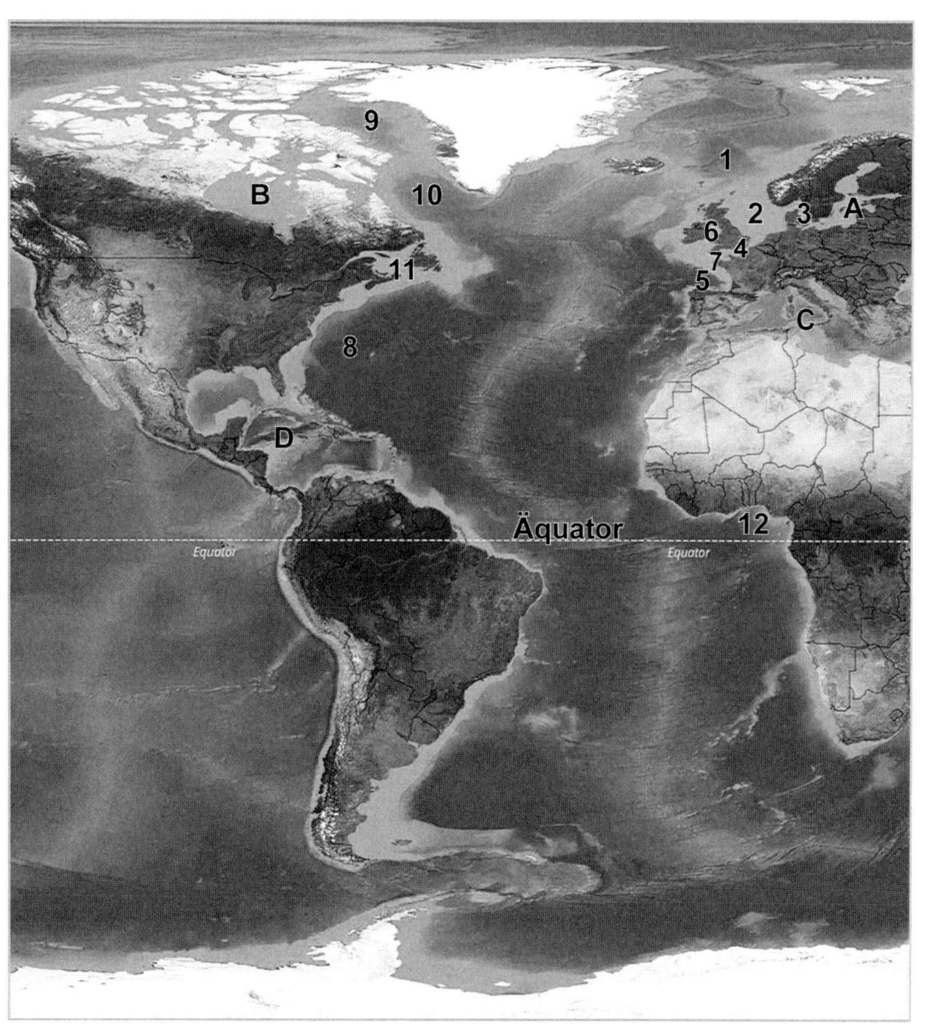

OZEANE & MEERE DER ERDE
Sekundarstufe – Bestell-Nr. 12 946
KOHL VERLAG

Der Golfstrom im Atlantischen Ozean

Der Golfstrom des Atlantiks ist eine der schnellsten, umfangreichsten und wärmsten Oberflächenströmungen der Meere. Er transportiert mehr Wasser als alle Flüsse der Erde zusammen.
Mit einer Meeresströmung meint man den horizontalen bzw. vertikalen Transport von großen Wassermengen in den Ozeanen und Meeren. Die Weltmeere enthalten über 40 Strömungen. Der Golfstrom ist Teil eines globalen Meeresströmungssystems, das oft als globales Förderband bezeichnet wird.
Näher an Europa heißt der Golfstrom dann Nordatlantikstrom. Der Golfstrom hat einen großen Einfluss auf das europäische Klima, wie man im Folgenden sieht. Der Westen Norwegens liegt auf der gleichen geografischen Breite wie der Süden Grönlands. Während in Grönland Kanada nur eine spärliche Vegetation festzustellen ist, gedeihen an Norwegens Küsten Obstbäume, Erdbeeren und Gemüse, an Irlands Südwestküste wachsen sogar Palmen usw.

Labrador
North Atlantic Drift
Gulf Stream
Canary
Southern America
Brazilian
Benguela
West Wind Drift
warm currents
cold currents
Antarctica

Aufgabe 1:

Der Atlantik grenzt … – Im Norden an __________________.
– im Süden an __________________.
– im Osten an __________________.
– Im Nordwesten an __________________.
– Im Nordosten an __________________.
– im Südwesten an __________________.

Aufgabe 2: 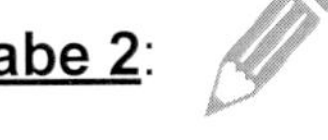

Welche großen Flüsse münden in den Atlantik? Nenne die Kontinente und die Flüsse.

Aufgabe 3: 

Benenne die Gewässer auf dem Kartenausschnitt unten.

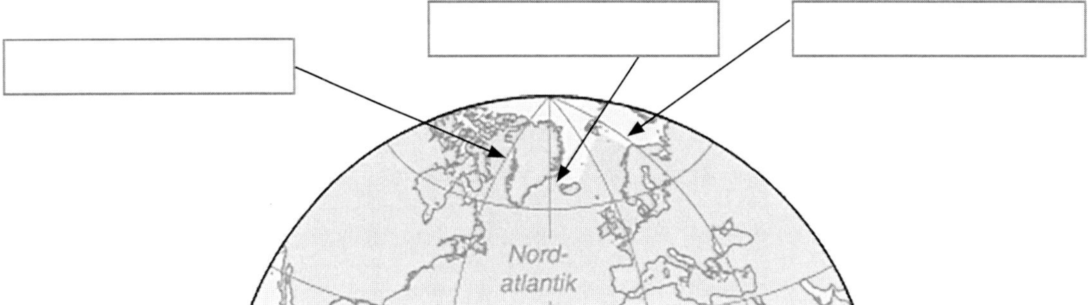

4.3 Pazifischer Ozean

Fläche – Lage – Marianengraben – pazifischer Feuerring

Der Pazifische Ozean ist mit einer Fläche von 165,2 Mio. km² (ohne Nebenmeere) der größte aller Ozeane. Der Pazifische Ozean macht etwa 28 % der Erdoberfläche aus und stellt 46 % der Wasseroberfläche dar. Die Fläche des Pazifischen Ozeans ist größer als die Gesamtfläche aller Landmassen der Erde. Der Pazifische Ozean ist das mit Abstand größte Meeresbecken der Welt. Er enthält die Hälfte des kompletten Wassers der Welt.

Der Begriff „Pazifik" stammt aus dem Griechischen und bedeutet so viel wie „friedlich". Der größte Ozean wird häufig auch „Stiller Ozean" genannt. Der erste Europäer, der den Pazifik entdeckte, war Vasco Nunéz de Balboa (1475-1519) im Jahr 1513, nachdem er den Isthmus von Panama überquerte. Er benannte den vor ihm liegenden Ozean „Mar des Sur" (Südsee).

Seinen heutigen Namen Pazifik bekam der Ozean vom portugiesischen Seefahrer Ferdinand Magellan (1480-1521), der während einer Weltumsegelung in den Jahren 1519 bis 1522 den Pazifik als ruhigen Ozean erlebte und ihn „Mar Pacifico" nannte, was auf Portugiesisch „friedliches Meer" bedeutet.

Der Pazifik wird mit Hilfe des Äquators in Nord- und Südpazifik unterteilt. Der Pazifik nördlich des Äquators wird als Nordpazifik bezeichnet, der Südpazifik ist der Teil des Pazifiks, der südlich des Äquators liegt.

Westlich des Pazifischen Ozeans liegen die Kontinente Asien und Australien, östlich vom Pazifik befinden sich Nord- und Südamerika. Die größte Nord-Süd-Ausdehnung vom Beringmeer bis zum Antarktischen Ozean beträgt ca. 15.500 km. Die größte Ost-West-Ausdehnung von Indonesien bis Peru/Kolumbien beträgt 19.800 km.

Der Pazifische Ozean grenzt ...
- im Norden an die Arktis,
- im Nordosten an Nordamerika,
- im Osten an Mittelamerika,
- im Südosten an Südamerika,
- im Süden an die Antarktis,
- im Südwesten an Australien,
- im Westen an Ozeanien,
- im Nordwesten an Asien.

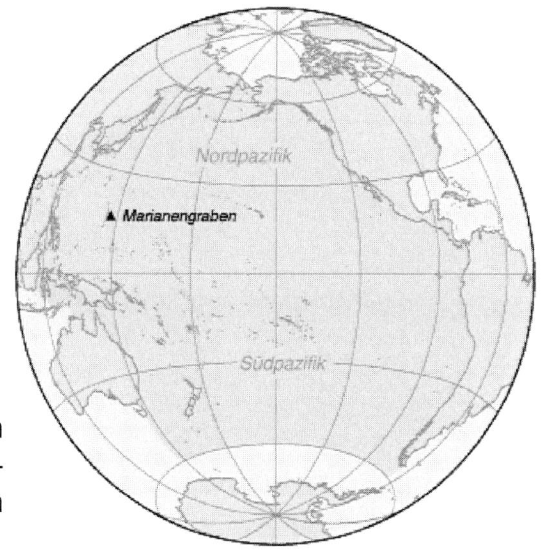

Der Pazifische Ozean grenzt im Norden an den Arktischen Ozean, im Südwesten an den Indischen Ozean und im Süden an den Antarktischen Ozean, der südlich des 60. Breitengrades liegt.

Der Pazifische Ozean mit seinen Nebenmeeren grenzt an zahlreiche Staaten auf verschiedenen Kontinenten.

- **Nord- und Mittelamerika**: Kanada, USA, Mexiko, Guatemala, El Salvador, Honduras, Nicaragua, Costa Rica, Panama.
- **Südamerika**: Kolumbien, Ecuador, Peru, Chile.
- **Australien**: Australien.
- **Asien**: Malaysia, Thailand, Kambodscha, Vietnam, Volksrepublik China, Südkorea, Nordkorea und Russland.

OZEANE & MEERE DER ERDE
Sekundarstufe – Bestell-Nr. 12 946

Wassertemperatur

Die Temperaturen des Pazifik hängen von der Lage ab. Nähert man sich dem Äquator, wird das Wasser naturgemäß wärmer. So ist das Wasser mancherorts bis zu 30 °C warm, während in Polnähe die Wassertemperatur bis zum Gefrierpunkt sinkt.

Wassertiefe

Der Pazifik (ohne Nebenmeere) ist im Durchschnitt 4188 m tief. Seine tiefste Stelle liegt bei 11.034 m im Marianengraben. Am 23. Januar 1960 erreichten der Schweizer J. Piccard (1922-2006) und der damalige US-Marine-Oberleutnant D. Walsh (geb. 1931) mit ihrem Tiefseetauchboot „Trieste“ als erste Menschen den Boden des 10.915 m tiefen „Deep Challenge“ (= zweittiefste Stelle des Marianengrabens).

Das Tiefseetauchboot „Trieste“ kurz vor dem Tauchrekord (1960)

Karte des Marianengrabens, des tiefsten ozeanischen Grabens

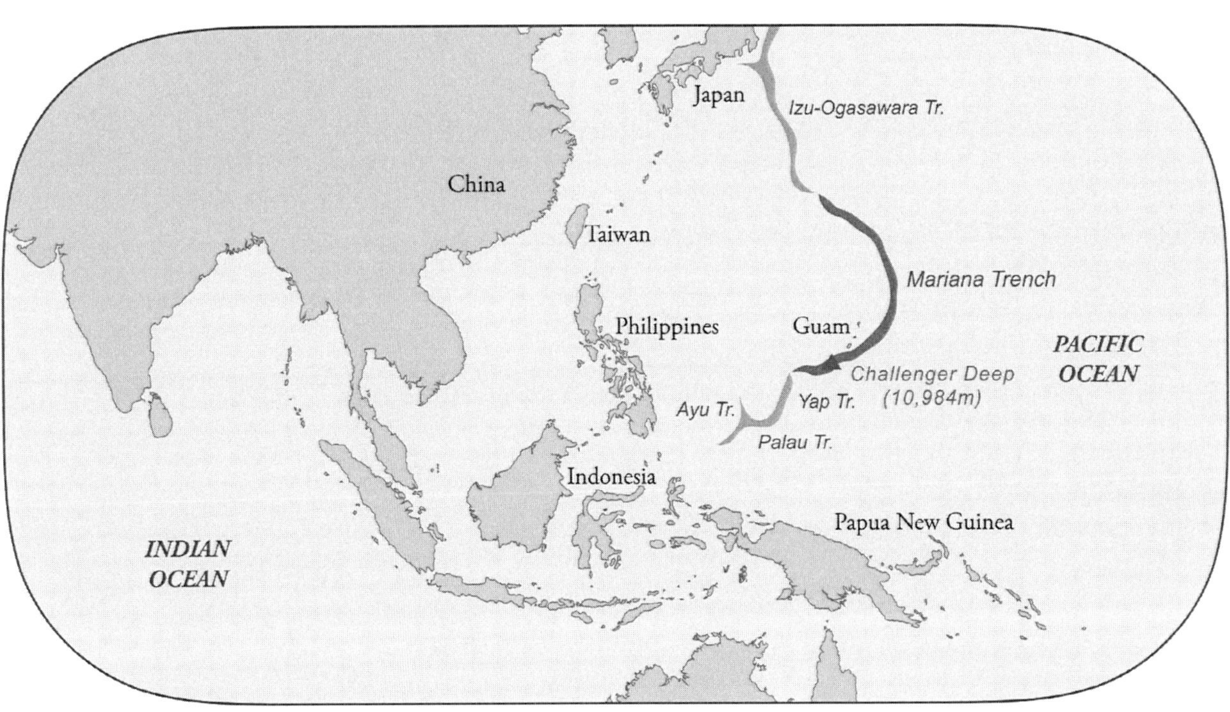

Inseln und Inselstaaten im Pazifischen Ozean

Aufgrund seiner Größe liegen auch viele Inseln im Pazifischen Ozean. Die Inselwelt der Südsee teilt man in die Archipele Mikronesien, Polynesien und Melanesien ein. Ein Teil von Melanesien (= Neuguinea) ist auch die zweitgrößte Insel der Erde. Es gibt tatsächlich mehr als 25.000 Inseln im Pazifik und die meisten von ihnen befinden sich südlich des Äquators im Südpazifik. Indonesien besteht aus 17.508 Inseln, Japan besteht aus etwa 3000 Inseln.

4 Die fünf Ozeane

Weitere wichtige Inseln/Inselgruppen des Pazifiks

- Sachalin,
- die Kurilen,
- Japan,
- die Aleuten,
- Vancouver Island,
- die Kanalinseln,
- die Kokos-/Keelinginsel,
- die Galapagos-Inseln,
- die Juan-Fernandez-Inseln,
- die Macquarieinsel,
- die Auckland- und Campbellinseln.

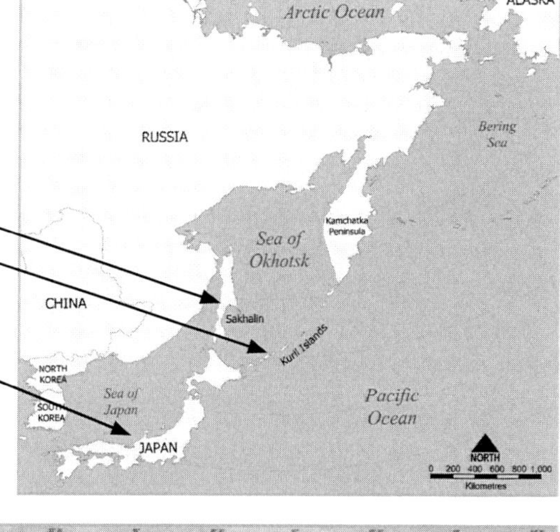

Wild lebende Leguane auf der Insel San Christobal

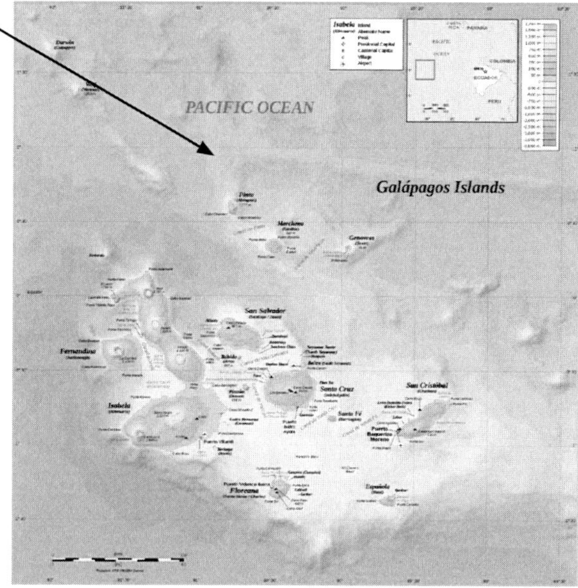

Neben- und Randmeere des Pazifischen Ozeans

Nebenmeere

- Das Australasiatische Mittelmeer = 9.080.000 km² (liegt zwischen Südostasien und Australien und ist weltweit das größte Meer, welches kein Ozean ist)
- das Korallenmeer = 4.791.000 km²
- die Philippinensee = 5.000.000 km²
- der Golf von Kalifornien = 160.000 km²

Randmeere

- der Golf von Alaska = 1.533.000 km²
- das Beringmeer = 2.260.000 km²
- der Golf von Panama (Bucht) = 2400 km²
- das Chilenische Meer = 3.648.532 km²
- die Tasmansee = 2.331.000 km²
- das Japanische Meer = 978.000 km²
- das Chinesische Meer = 5.315.000 km²
- das Ochotskische Meer = 1.530.000 km²

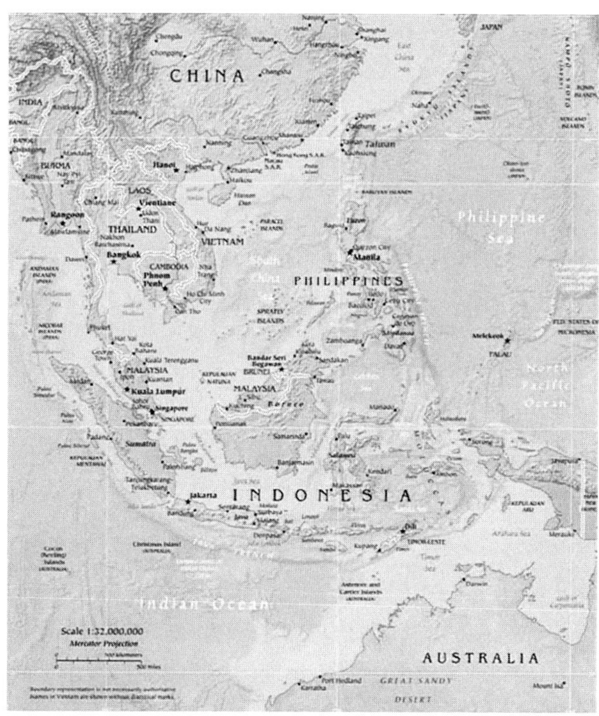

Die Mittelozeanischen Rücken, die Tiefseebecken und der Pazifische Feuerring

Auf dem Grund des Pazifischen Ozeans befinden sich teils hohe und langgestreckte Mittelozeanische Rücken, viele niedrigere Schwellen, riesige Tiefseebecken, Tiefseerinnen und der Pazifische Feuerring.

Ein Mittelozeanischer Rücken (= eng. *mid-oceanic ridge*, abgekürzt *MOR*):

- Ein *MOR* ist ein vulkanisch aktiver Gebirgszug in der Tiefsee.
- Ein *MOR* ist ein unterseeisches Gebirge an einer tektonischen Plattengrenze.
- *MOR* finden sich in jedem Ozean der Erde.
- Ein *MOR* liegt meist in etwa 5 km Tiefe und ist ungefähr 1000-4000 km breit sowie bis zu 3,5 km hoch.

Tiefseebecken = Seebecken oder Meeresbecken

- Seebecken oder Meeresbecken sind Teilbecken der großen Ozeanbecken zwischen den Kontinenten.
- Zu den Tiefseebecken zählt man das große Nordpazifische Becken, das den Großteil des nördlichen Pazifiks ausmacht.

Tiefseerinnen = (eng. *trenches*) (umgangssprachlich oft Tiefseegräben genannt)

- Tiefseerinnen sind meistens in die Länge gestreckte, aber eher schmale Vertiefungen des Meeresbodens.
- Eine wichtige Tiefseerinne ist der Marianengraben mit dem 11.034 m tiefen „Witjastief 1" und dem Challengertief (10.984 ± 25 m nach Messungen von 2010), den tiefsten Stellen des Pazifischen Ozeans.

Pazifischer Feuerring

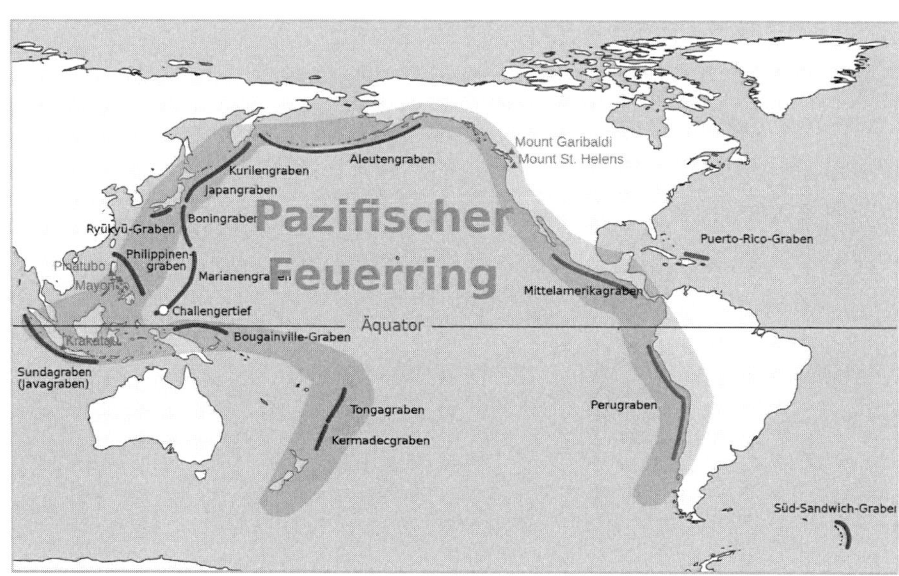

Der Pazifische Feuerring ist ein weitausgedehnter, mit Tiefseerinnen verbundener Vulkangürtel, der den Pazifischen Ozean von 3 Seiten umgibt.

Mehr als 450 Vulkane erstrecken sich über 40.250 km U-förmig von der Südspitze Südamerikas, entlang der Westküste Nordamerikas, über die Beringstraße, hinunter über Japan bis Neuseeland. Das macht mehr als 75% der aktiven und schlafenden Vulkane der Welt aus. Der Feuerring ist auch die Region mit den meisten Erdbeben, nämlich 90 % der Erdbeben auf der Welt. Am Pazifischen Feuerring fanden einige der gewaltigsten Erdbeben des 20. und 21. Jahrhunderts statt, so etwa das Große Kanto-Erdbeben am 1. September 1923 auf der japanischen Hauptinsel Honshu mit 105.385 Todesopfern, oder das Erdbeben von Valdivia am 22. Mai 1960, auch großes Chile-Erdbeben genannt.

4 Die fünf Ozeane

Hurrikane und Pazifischer Ozean

Der Pazifische Ozean hat einige der bisher stärksten Hurrikane überhaupt hervorgebracht. Der stärkste Sturm des Jahres 2018 war zum Beispiel der Super-Taifun „Mangkhut“. Er verwüstete Ende September die Philippinen, bevor er sich über China auflöste.

Sehr starke Stürme nennt man im östlichen Pazifik Hurrikan, im nordwestlichen Pazifik Taifun und im südwestlichen Pazifik Zyklon. Der Pazifik ist mit seinem warmen Wasser eine mächtige Basis für unzählige solcher gewaltiger Stürme.

Luftaufnahme einer "Plastik-Insel" im Pazifik

Hurrikan nähert sich der Küste

Eine weitere Gefahr bilden Seebeben, die meterhohe Tsunamis auslösen können. Damit meint man eine Abfolge besonders langer Wasserwellen. So folgte auf das Sumatra-Andamanen-Beben am 26. Dezember 2004 ein Tsunami, wodurch etwa 230.000 Menschen starben.

Pazifischer Ozean und Plastikverschmutzung

Besonders im Pazifik haben Strömungswirbel dazu beigetragen, dass er der am stärksten verschmutzte Ozean der Welt ist. Eine Studie von 2014 ergab, dass der Pazifische Ozean fast zwei Billionen Plastikteile enthält, etwa 30 % der gesamten Plastikverschmutzung der Weltmeere. Der Plastikmüll kommt zu 80 % vom Festland, hauptsächlich aus China und wird von den Flüssen ins Meer gespült. Die übrigen 20 % stammen von Schiffen, die ihre Abfälle über Bord werfen. Plastikteile stellen eine starke Gefahr für die Tiere dar. Die Wellen zerreiben den Müll in immer kleinere Teile, er löst sich aber nicht völlig auf, so entsteht Mikroplastik.

Aufgabe 1: 

Woher stammt der Name „Pazifik“?

Aufgabe 2: 

Erkläre die Besonderheiten der Wassertemperatur im Pazifik.

Aufgabe 3: 

Erkläre die Lage und Besonderheiten des Pazifischen Feuerrings?

4.4 Indischer Ozean

Fläche – Lage – Inseln – Klima

Der Indische Ozean (auch „Indik“ genannt) ist mit 74,9 Mio. km² der drittgrößte Ozean der Erde. Benannt ist der Indische Ozean nach dem Land Indien, das wie ein Keil in den Ozean hineinragt. Im Nordosten, zwischen Asien und Australien, liegen die Inseln von Indonesien. Der Indische Ozean grenzt an die Kontinente Asien, Australien und Afrika sowie an den Atlantischen und Pazifischen Ozean und entlang des südlichen 60. Breitenkreises an den Antarktischen Ozean. Der Indische Ozean liegt südlich von Asien, östlich von Afrika und westlich von Australien. Im Gegensatz zum Pazifik und Atlantik liegt der Indische Ozean zum größten Teil auf der Südhalbkugel.

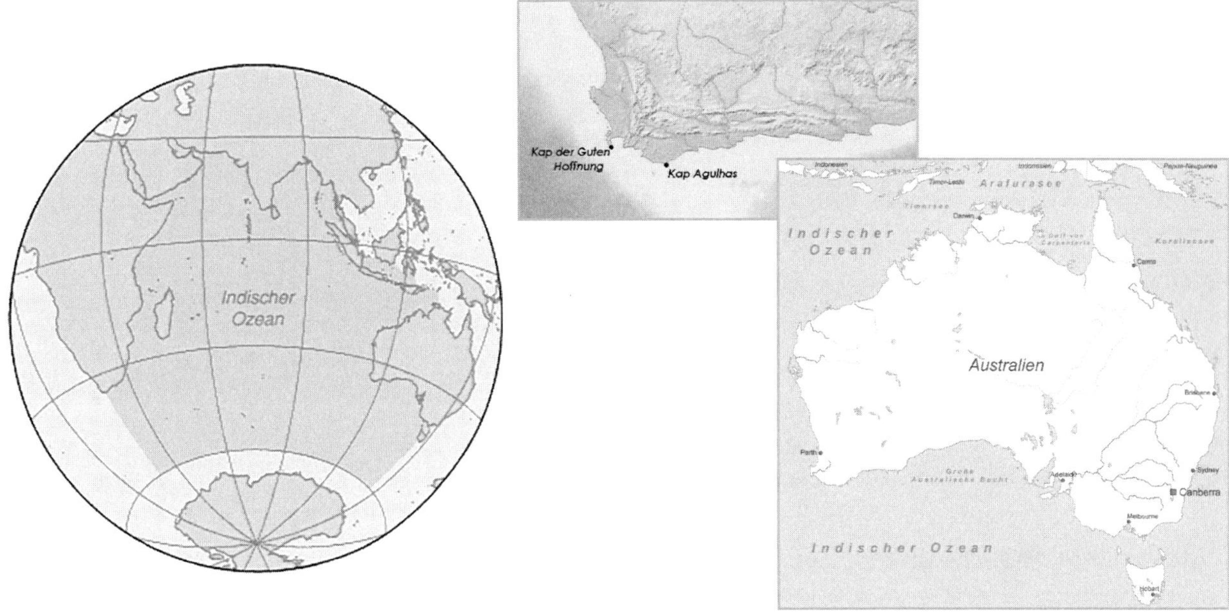

- Der 20. Meridian ö. L., der in etwa auf dem Kap Agulhas liegt, stellt die geografische Grenze (im Süden) zwischen Atlantik und Indik dar. Der südlichste Punkt Afrikas ist das Kap Agulhas und nicht, wie oft angenommen, das Kap der guten Hoffnung.
- Als Grenze zwischen Pazifik und Indik gilt der Meridian vom Südkap Tasmaniens an der Südspitze Australiens (147° ö. L.).

Der Indische Ozean mit seinen Nebenmeeren grenzt an zahlreiche Staaten auf verschiedenen Kontinenten.

- **Afrika**: Südafrika, Mosambik, Tansania, Kenia, Somalia, Dschibuti, Eritrea, Sudan, Ägypten.
- **Asien**: Saudi-Arabien, Jemen, Oman, Vereinigte Arabische Emirate, Katar, Bahrain, Kuwait, Irak, Iran, Pakistan, Indien, Bangladesch, Myanmar, Thailand, Malaysia, Indonesien, Osttimor.
  Israel und Jordanien liegen am Golf von Akaba und sind indirekt über das Rote Meer mit dem Indischen Ozean verbunden.
- **Australien**: Australien.

Wassertiefe
Der Indische Ozean hat eine durchschnittliche Tiefe von 3890 m. Seit 2019 gilt ein 7290 m tiefes Meerestief im Sundagraben als seine tiefste Stelle, vorher galt teilweise das Diamatinatief mit 8047 m als tiefster Punkt. Der Sundagraben (= Javagraben) ist eine Tiefseerinne (max. 7290 m tief und 2250 km lang) vor dem Sundabogen im Nordosten des Indiks; dort befindet sich der tiefste Punkt dieses Ozeans.

4 Die fünf Ozeane

Randmeere, Golfe und Meerengen des Indischen Ozeans

Randmeere

- Arabisches Meer = 3.862.000 km²
- Rotes Meer = 438.000 km²
- Andamanensee = 797.700 km²
- Timorsee = 61.500 km²
- Große Australische Bucht = 484.000 km²

Golfe

- Golf von Aden = 530.000 km²
- Golf von Oman = 181.000 km²; Teil des Arabischen Meeres
- Persischer Golf = 235.000 km²; nördlichste Stelle des Indischen Ozeans
- Golf von Bengalen = 2.171.000 km²; Randmeer an der Ostküste von Indien

Meerengen

- Straße von Mosambik = Meerenge zwischen Mosambik und der Insel Madagaskar
- Straße von Malakka = Verbindung Andamanensee zum Südchinesischen Meer
- Bab al Mandab = Meerenge zwischen Golf von Aden und Rotem Meer

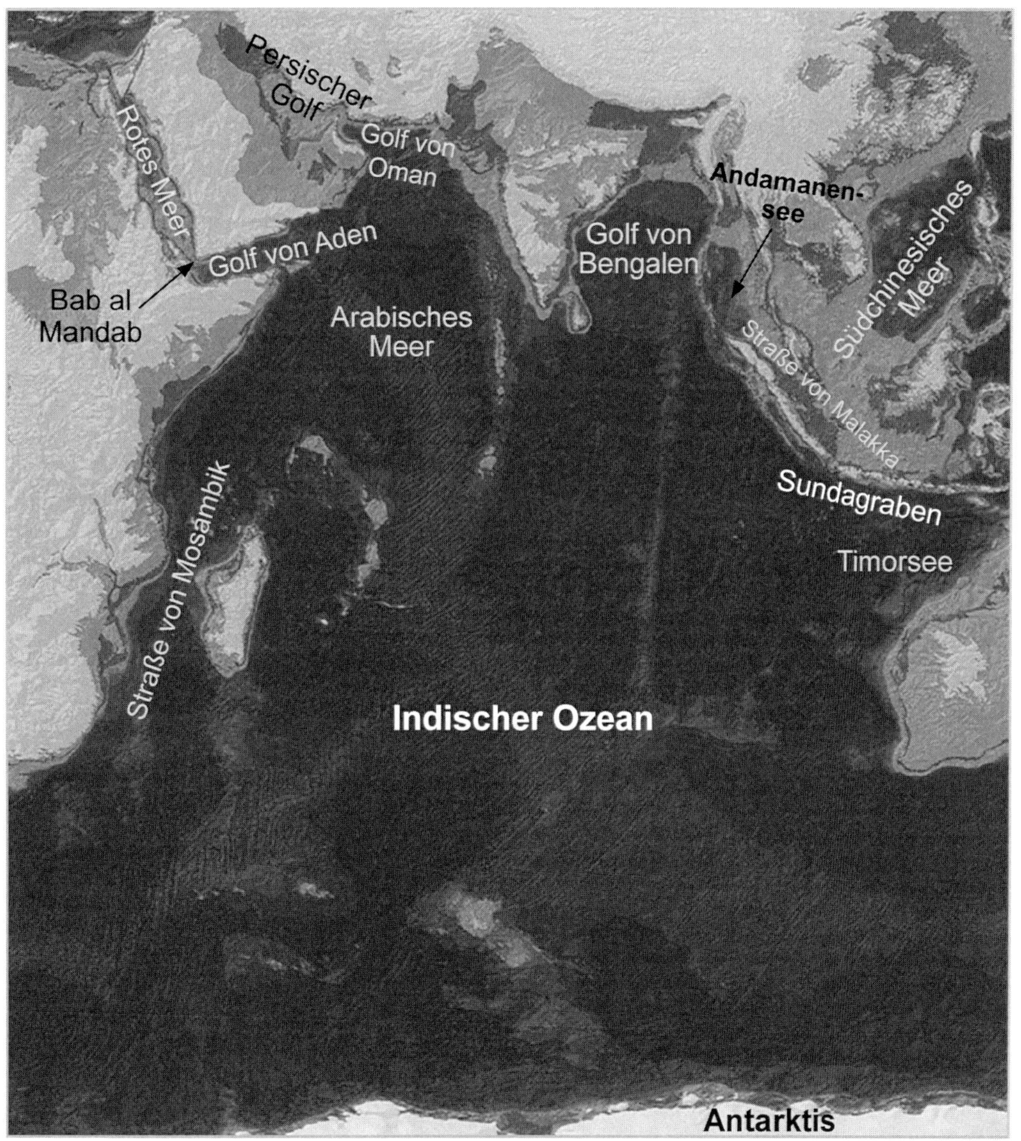

OZEANE & MEERE DER ERDE
Sekundarstufe – Bestell-Nr. 12 946
KOHL VERLAG

4 Die fünf Ozeane

Große Flüsse, die in den Indischen Ozean münden

Südostasien: Indien: c = Brahmaputra mündet in Bangladesch ins Gangesdelta.
b = Ganges mündet in den Golf von Bengalen.
d = Godavari mündet in den Golf von Bengalen.
Pakistan: a = Indus mündet in das Arabische Meer.
Myanmar: e = Irawadi mündet in das Andamanische Meer.
f = Saluen mündet in das Andamanische Meer.

Afrika: Mosambik: Sambesi mündet in die Straße von Mosambik.

Syrien/Irak: Schatt al Arab = Zusammenfluss von Euphrat/Tigris, mündet in Persischen Golf.

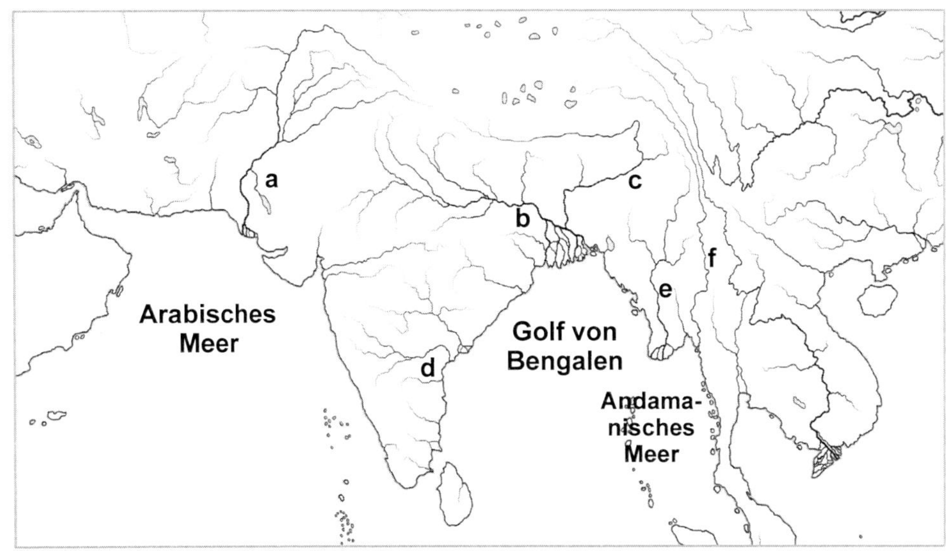

Inseln und Inselstaaten im Indischen Ozean

Aufgrund seiner Größe liegen zahlreiche Inseln und Inselgruppen im Indischen Ozean, von denen einige eigene Staaten bilden. Die Inseln Indonesiens liegen im Nordosten zwischen Australien und Asien und trennen den Indischen Ozean vom Pazifik. Der Inselstaat **Indonesien** (13.000 Inseln) umfasst eine Fläche von 1.904.569 km² und ist der größte Inselstaat der Welt. Die größte Insel im Indischen Ozean liegt vor der Küste Afrikas und heißt **Madagaskar**. Madagaskar ist die viertgrößte Insel der Erde und liegt vor der Ostküste Mosambiks. Der Inselstaat Madagaskar umfasst eine Fläche von 587.041 km² und ist damit der zweitgrößte Inselstaat der Welt.

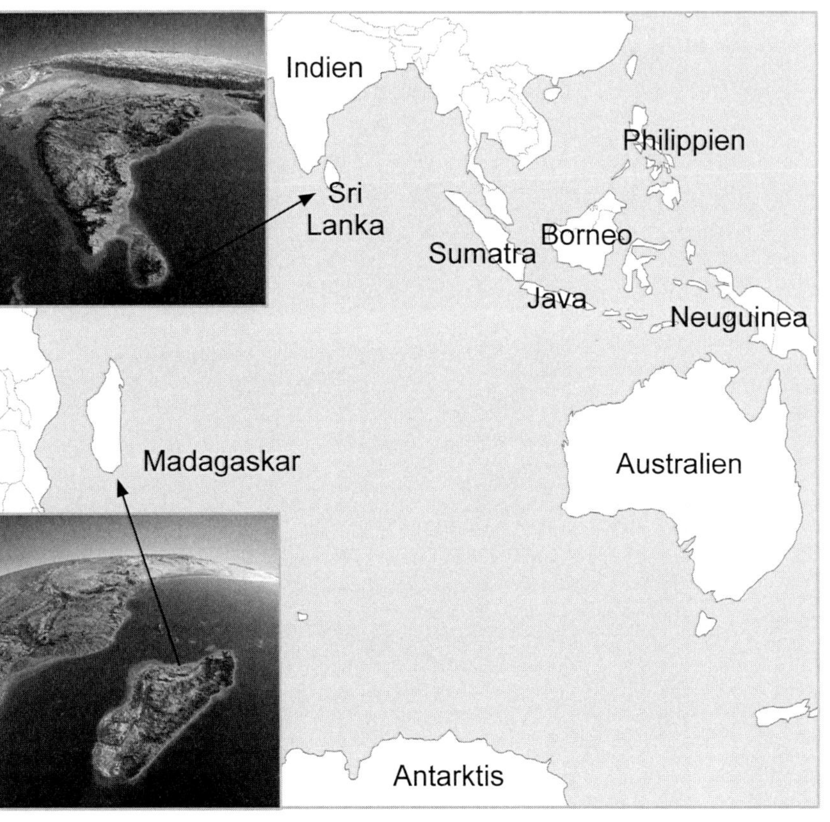

4 Die fünf Ozeane

Madagaskars Tierwelt ist gigantisch und einzigartig. Viele dieser Tiere gibt es heute sonst nirgends mehr auf der Welt, da nach der Abtrennung der Insel vom afrikanischen Festland (Gondwana) sich diese Arten nur noch auf der Insel erhalten haben.

Pantherchamäleon – 2 Jahre alt

Diese Tiere leben auf Madagaskar:

- Bunte Chamäleons, Geckos, Schildkröten, Schlangen und Frösche …
- Dazu eine schillernde Vogelwelt: Papageiensorten, Madagaskar-Fischadler und Madagaskar-Falken.
- Säugetiere wie z. B. Lemuren (Makis), Fingertiere, Indris, Kattas, Mausmakis, Sifakas, Varis sowie Fossas (Schleichkatzen), Tentreks (Borstenigel), Fledertiere sowie Nagetiere.

Schwanzmaki (Lemur catta), Familie von Lemuren

Einzigartige Tiere im Indischen Ozean

Der Indische Ozean beheimatet mehrere einzigartige Tierarten, darunter Meeresschildkröten, Seeschlangen, Haie, Dugongs und Wale. Obwohl der Indik insgesamt wegen seines geringen Planktongehalts weniger Meereslebewesen hat als andere Ozeane, findet man bei manchen Inseln eine reiche Auswahl an Meereslebewesen.

Quastenflosser

Beispiele

- Der eigentlich als ausgestorben geltende Quastenflosser lebt im Indischen Ozean.
- Dugongs sind mit Seekühen verwandt und im Pazifischen und Indischen Ozean beheimatet.
- Der Blauwal ist das größte Tier im Indischen Ozean und das größte Tier, das jemals auf der Erde gelebt hat.

Aufgrund der tropischen Lage des Ozeans befinden sich hier natürlich auch einige der aufregendsten Inseln, die sich geradezu als Urlaubsparadiese anbieten: Man findet Traumstrände, Vulkaninseln, Korallenriffe sowie eine faszinierende Tier- und Pflanzenwelt.

Dugong

Beispiele:

- Malediven (1)
- Seychellen (2)
- Mauritius (3)
- Sri Lanka (4)
- Madagaskar (5)
- La Réunion (6)
- Weihnachtsinsel (7)

Traumstrand auf La Digue, Seychellen

Inseln der Malediven aus der Luft

4 Die fünf Ozeane

Wassertemperatur

Der Indische Ozean ist mit Temperaturen von 22-28 °C der wärmste Ozean der Erde.

Klima

Während der Indische Ozean im Süden über die gemäßigten bis zu den subpolaren Breiten reicht, liegen die nördlichen und zentralen Teile in der subtropischen und tropischen Klimazone. Im Norden und im Zentrum sind der **Nordostmonsun** im Winter und der **Südwestmonsun** im Sommer die klimabestimmenden Faktoren für die angrenzenden Kontinente, beispielsweise den Subkontinent Indien. Abhängig von der Lage verändern sich die Wassertemperaturen und der Salzgehalt des Indischen Ozeans.

Meeresströmungen

Ähnlich wie im Atlantischen und Pazifischen Ozean gibt es auch nahe des Äquators im Indik 3 warme, gegenläufige Meeresströmungen: den Nordäquatorialstrom, den Südäquatorialstrom und den Äquatorialen Gegenstrom. Während des Sommermonsuns bildet sich darüber hinaus vor der ostafrikanischen Küste der starke Somalistrom aus.

Aufgabe 1: 

Welche Meridiane gelten als Grenzen zwischen dem Indischen und Atlantischen bzw. Pazifischen Ozean?

Aufgabe 2: 

Welche großen Flüsse münden in den Indischen Ozean. Nenne das Land oder den Kontinent und die Flüsse.

Aufgabe 3: 

a) *Welche Insel ist rechts abgebildet? Beschreibe ihre Lage und nenne ihre Fläche in km².*

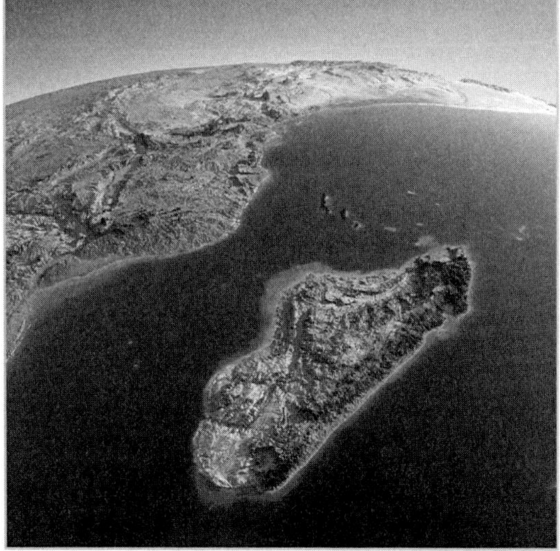

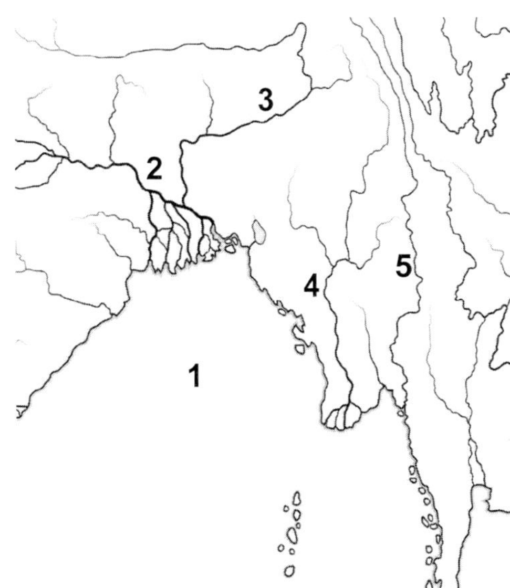

b) *Welche Gewässer sind hinter den Zahlen 1 bis 5 versteckt?*

4.5 Antarktischer Ozean

Fläche – Lage – Antarktische Konvergenz – Krill

Der Antarktische Ozean wird häufig auch als Südpolarmeer oder als Südlicher Ozean bezeichnet. Er ist mit einer Fläche von 20,3 Mio. km² der zweitkleinste Ozean unseres Planeten.

- Der Antarktische Ozean umfasst das Meeresgebiet, das sich südlich des 60. Breitengrades erstreckt.
- Der Antarktische Ozean liegt komplett auf der Südhalbkugel und ist somit das Gegenstück des Arktischen Ozeans auf der Nordhalbkugel.
- Im Norden geht der Antarktische Ozean jeweils in den Atlantik, den Indischen Ozean und den Pazifik über. Antarktischer Ozean und Antarktika bilden gemeinsam die Antarktis.

> Der Name *Südlicher Ozean* wurde im Frühjahr 2000 von der *Internationalen Hydrographischen Organisation* (IHO) offiziell festgelegt. Früher nannte man die antarktischen Meeresgebiete das Südliche Eismeer, bestehend aus den jeweils südlichen Gebieten des Atlantischen, Indischen und Pazifischen Ozeans.

Im Winter frieren große Teile des Antarktischen Ozeans zu und bilden so das meterhohe Packeis, das sich zu riesigen Tafeleisbergen erhebt und in vielen Bereichen bruchstückhaftes Schelfeis entstehen lässt.

> Schelfeis oder Eisschelf nennt man eine große Eisplatte, die auf dem Meer schwimmt, von Gletschern, Eisströmen oder Eiskappen gespeist wird und noch mit diesen verbunden ist. Von Schelfeis spricht man, wenn die Platte mehr als 2 m über den Meeresspiegel hinausreicht. Meistens ist Schelfeis 200-1000 m dick. Ein Merkmal von Schelfeis ist das Abbrechen von Eisbergen am äußersten Rand. Dieser Prozess wird als Kalben bezeichnet.

OZEANE & MEERE DER ERDE
Sekundarstufe – Bestell-Nr. 12 946
KOHL VERLAG

4 Die fünf Ozeane

Randmeere des Antarktischen Ozeans

Rossmeer	=	958.000 km²
Amundsensee	=	1.036.000 km ²
Bellingshausen-See	=	600.000 km²
Weddell-Meer	=	2.800.000 km²
Lasarew-See	=	929.000 km²
Riiser-Larsen-See	=	1.138.000 km²
Kosmonautensee	=	699.000 km²
Davissee	=	21.000 km²
Mawsonsee	=	333.000 km²
Somow-See	=	1.150.000 km²

Karte mit zahlreichen Randmeeren

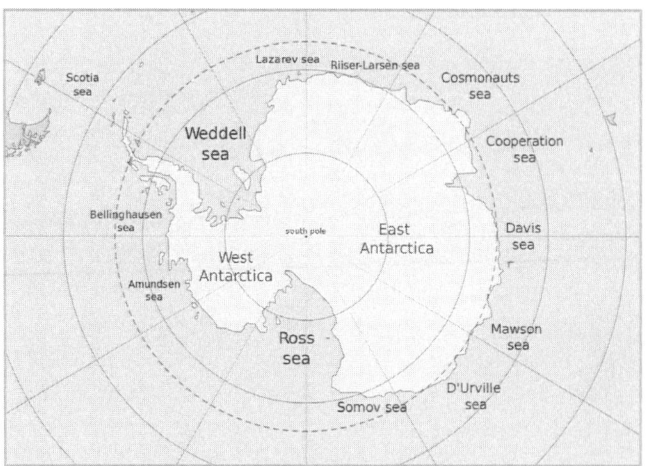

Inseln im Antarktischen Ozean

Vor der Küste der Antarktis liegen folgende Inseln und Inselgruppen:

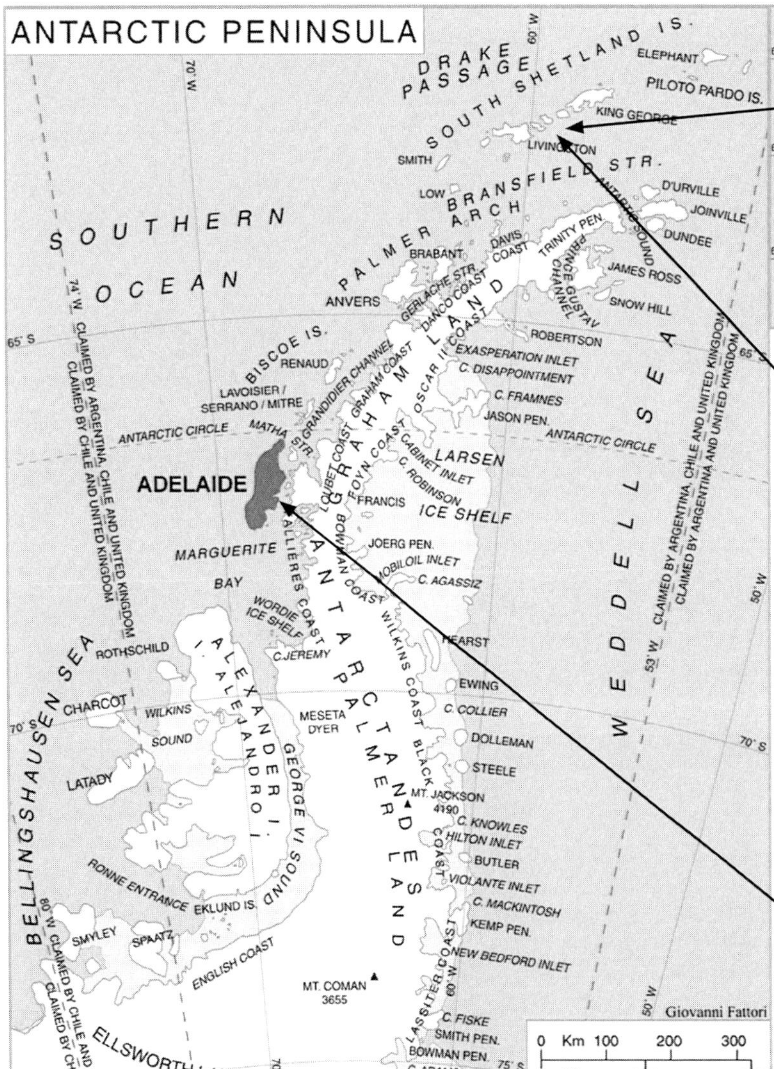

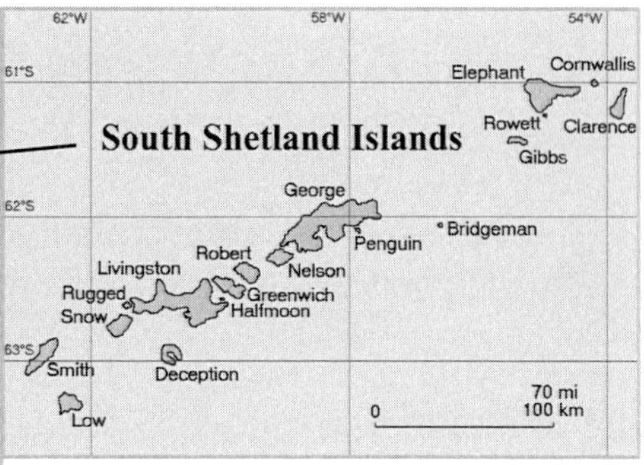

Südliche Shetlandinseln

Die Südlichen Shetlandinseln bestehen aus 11 größeren und mehreren kleinen Inseln, die sich über 508 km in nordöstlich-südwestlicher Richtung erstrecken. Die Inseln sind von dem antarktischen Kontinent durch die 150 km breite Bransfieldstraße getrennt.

Die **Alexander-I.-Insel** ist die größte Insel der Antarktis:
Länge = 378 km
Breite = 200 km
Fläche = 49.070 km²

Sie liegt vor der Westküste der Antarktischen Halbinsel in der Bellingshausensee. Die Alexander-I.-Insel wurde am 28. Januar 1821 von Fabian Gottlieb von Bellingshausen im Rahmen der ersten russischen Südpolarexpedition entdeckt und nach dem russischen Zaren Alexander I. benannt.

4 Die fünf Ozeane

Berkner-Insel
Die Berkner-Insel ist mit 43.873 km² die größte Eiskuppel der Erde. Sie befindet sich im antarktischen Filchner-Ronne-Schelfeis. Die Berkner-Insel ist keine Insel im eigentlichen Sinne, da die sie tragende Landmasse an ihrem höchsten Punkt etwa 80 m unter dem Meeresspiegel liegt.

Balleny-Inseln
Die Balleny-Inseln (eng. *Balleny Islands*) sind eine über 190 km von NW nach SO verlaufende Gruppe unbewohnter Inseln in der Somow-See rund 2300 km südlich von Neuseeland.

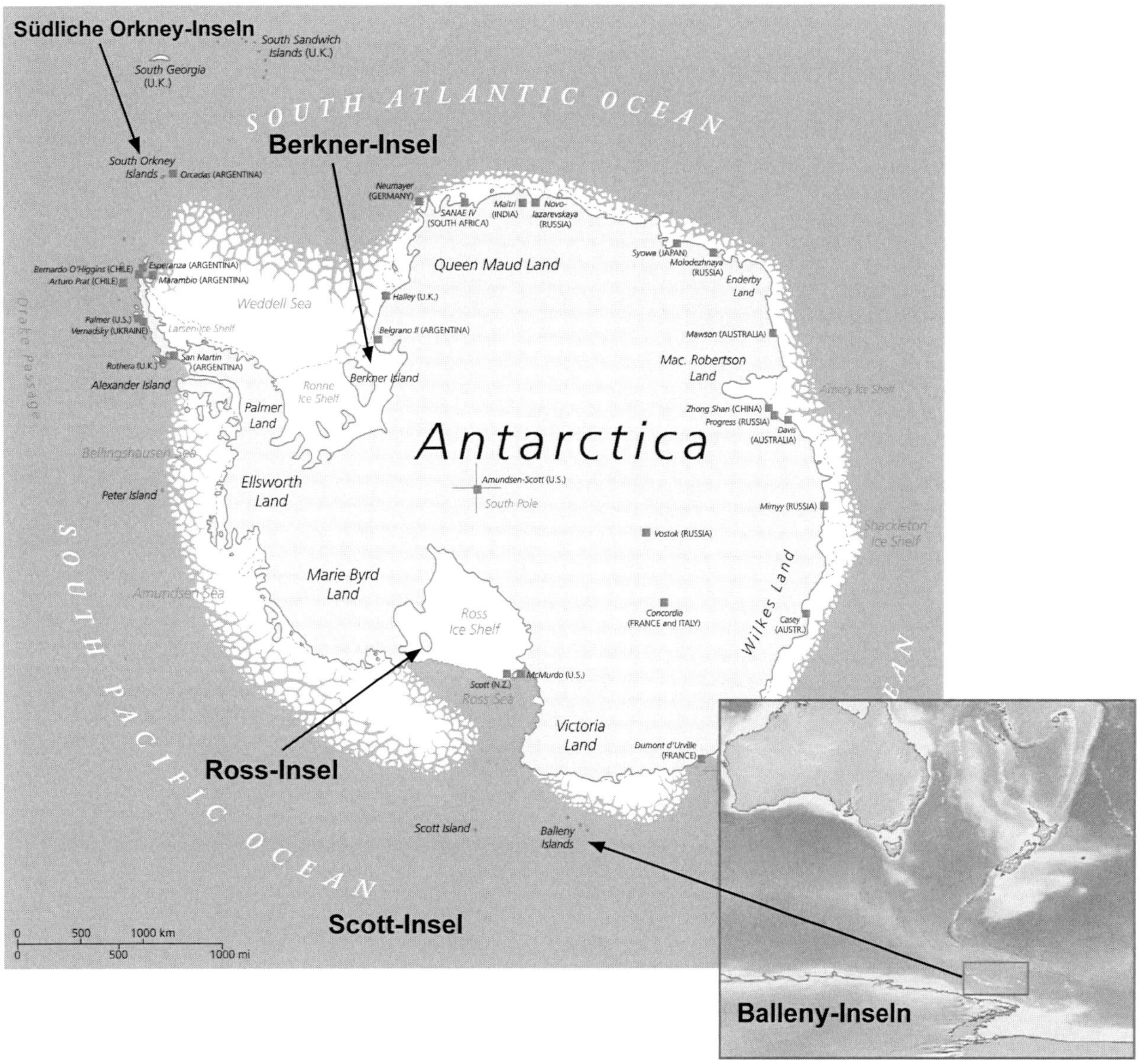

Ross-Insel
Die Ross-Insel ist eine 2460 km² große vulkanische Insel im antarktischen Rossmeer, nahe der Küste von Viktorialand.

Scott-Insel
Die Scott-Insel (eng. *Scott Island*) ist eine 4 Hektar große Insel nördlich des Rossmeers im pazifischen Sektor des Antarktischen Ozeans.

Südliche Orkney-Inseln
Die Südlichen Orkney-Inseln (eng. *South Orkney Islands*) sind eine Inselgruppe, die nördlich der Antarktischen Halbinsel in der Drakestraße liegt.

4 Die fünf Ozeane

Antarktische Konvergenz – Nordgrenze des Antarktischen Ozeans

Die natürliche Grenze des Antarktischen Ozeans bildet die antarktische Konvergenz oder auch Meinardus-Linie. Das ist die Zone, in der die kalten Wassermassen des Antarktischen Ozeans auf die warmen Wassermassen des Nordens treffen. Sie verläuft unregelmäßig auf 40-60° s. B. und schwankt auch jahreszeitlich.

Da das kältere, aus der Antarktis kommende Wasser eine höhere Dichte als das aus dem Norden kommende, wärmere Wasser besitzt, sinkt es an der Konvergenzzone auf etwa 800 m Tiefe herab und fließt nordwärts.

Zu erkennen ist die Zone der Konvergenz an der Temperatur des Oberflächenwassers. Diese liegt nördlich von ihr bei etwa 8 °C und fällt an der Konvergenzzone abrupt auf unter 2 °C ab.

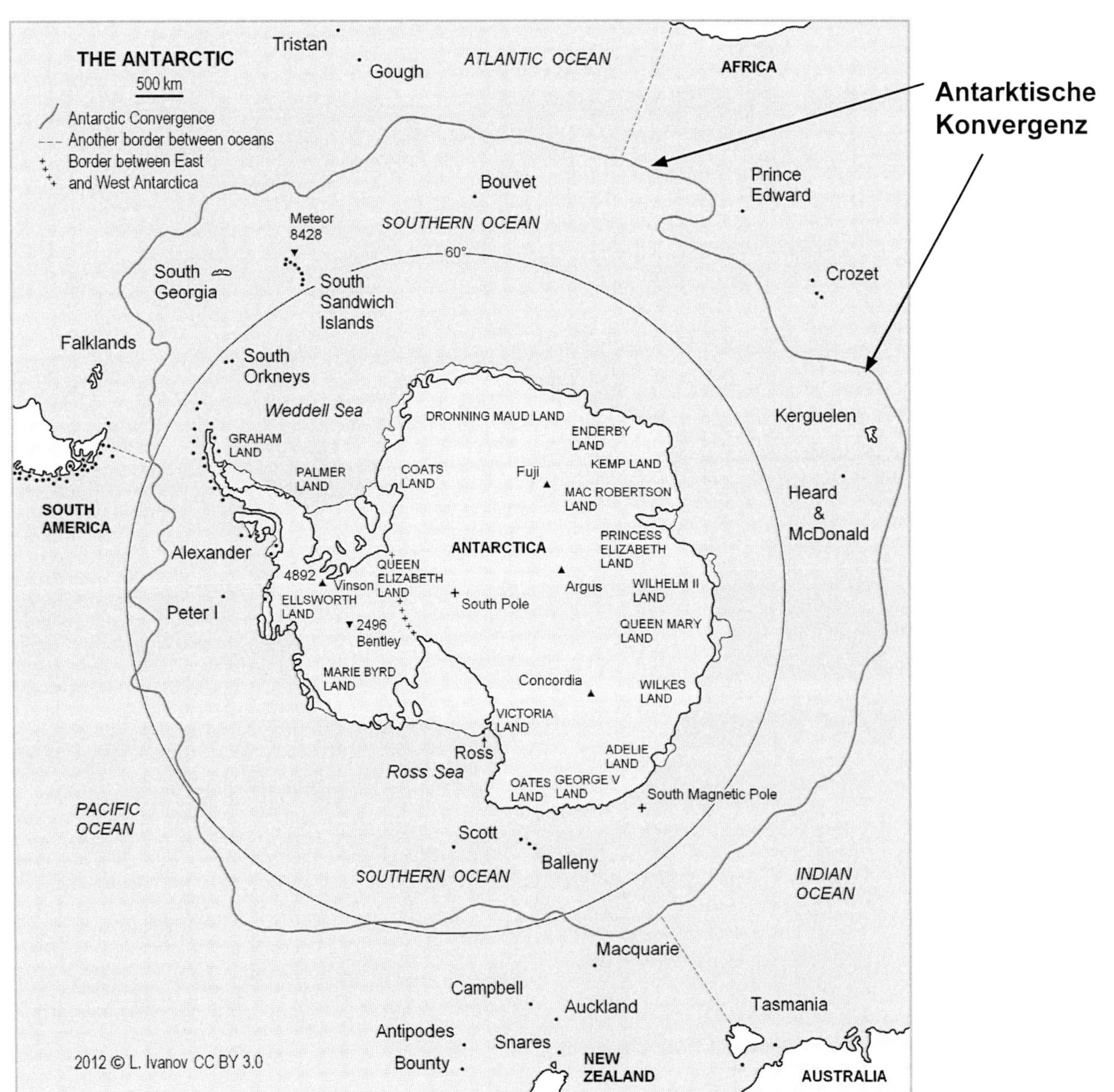

OZEANE & MEERE DER ERDE

Der Antarktische Ozean ist stürmisch und gefährlich.
Der Südliche Ozean hat den Ruf als eines der stürmischsten und gefährlichsten Meere der Welt und stellt deshalb für Seefahrer eine große Herausforderung dar. Winde aus westlicher Richtung mit Sturmstärke wehen das ganze Jahr und sorgen für unbeständiges Wetter, Regen sowie hohen Seegang. Im Bereich der deshalb so genannten *„Roaring Forties“* (Region der Westwindzone zwischen 40 und 50° s. B.) gibt es wenig Landmasse wie das Australien vorgelagerte Tasmanien, die Südinsel Neuseelands und das südamerikanische Patagonien.

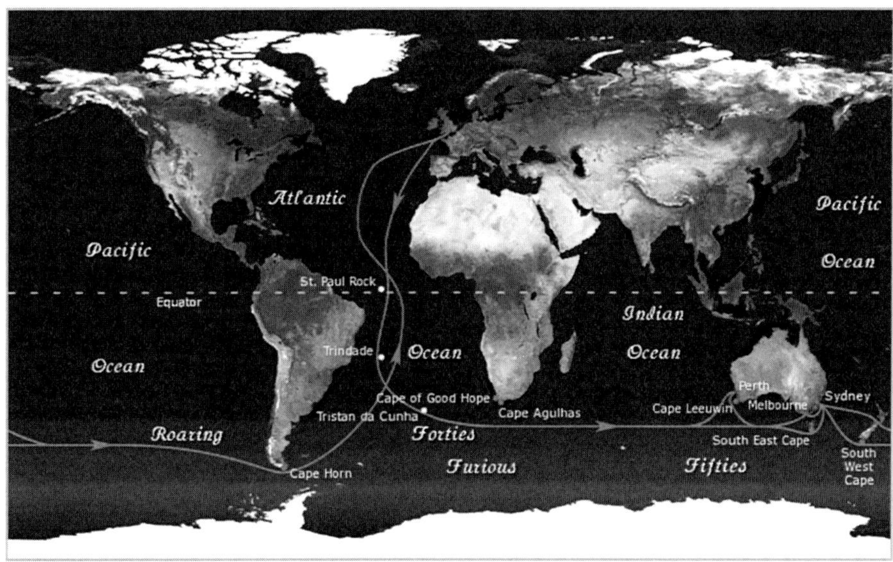

Krill im Antarktischen Ozean – das Ökosystem
Der Antarktische Ozean besitzt ein einzigartiges Ökosystem, in dem besonders das garnelenförmige Krebstier Krill gedeiht und einen wichtigen Teil des Planktons ausmacht.

Die bekannteste Art ist der Antarktische Krill, er bildet riesige Schwärme und lebt in den Gewässern um die Antarktis. Er gehört zu den garnelenartigen Wirbellosen, die in großen Schwärmen leben. Ein solcher Schwarm kann pro km³ Wasser 10.000 bis 30.000 Individuen umfassen. Der Krill ernährt sich von winzigem Phytoplankton.
Die Körper der Tiere erreichen eine Länge von bis zu 6 cm und wiegen nur bis zu 2 g. Sie sind die Nahrungsquelle für alle größeren Tiere der Antarktis: Wale, Pinguine, Seevögel, Robben, aber auch für Schwarmfische wie Heringe, Makrelen oder Thunfische.

<u>Aufgabe 1</u>: 

Erläutere den Begriff „Schelfeis“.

<u>Aufgabe 2</u>: 

Was versteht man unter der Antarktischen Konvergenz?

<u>Aufgabe 3</u>: 

Der Antarktische Ozean besitzt ein einzigartiges Ökosystem. Was ist damit gemeint?

OZEANE & MEERE DER ERDE
Sekundarstufe – Bestell-Nr. 12 946
KOHL VERLAG

5 Unterschiede zwischen Meer und Ozean

Weltmeer – Randmeere – Binnenmeere – Mittelmeere

Das Meer oder Weltmeer ist die gesamte zusammenhängende Wassermasse auf der Erdkugel, welche sich zwischen den Kontinenten befindet.

Diese gesamte marine Wassermasse (= Weltmeer) wird nun in 5 Ozeane und viele kleinere Nebenmeere unterteilt. Letztere werden noch nach Rand-, Binnen- und Mittelmeeren differenziert. Insgesamt sind 71 % der Erdoberfläche von Ozeanen und Nebenmeeren bedeckt.

Weltmeer

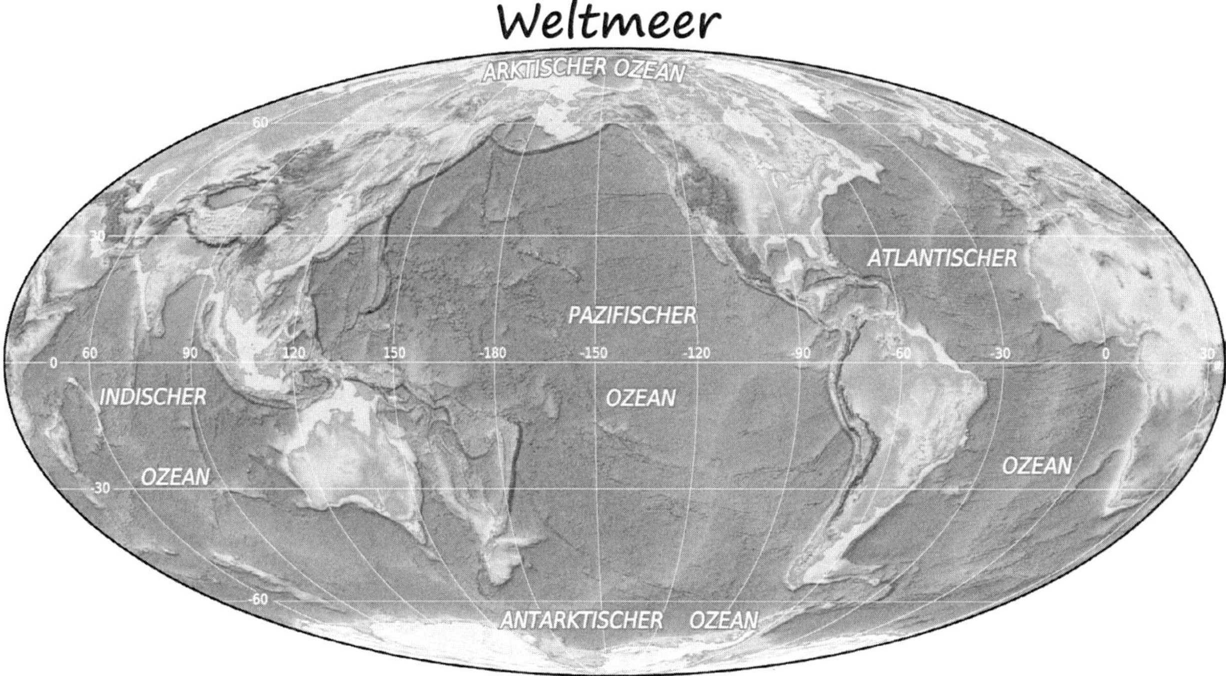

Die Sieben Weltmeere

Dieser Begriff ist historisch, wird aber manchmal heute noch verwendet. Gemeint sind die Gewässer, die besonders wichtig für den Seehandel waren. Die 3 größten Ozeane gehören dazu sowie auch der Arktische Ozean, welcher historisch bedingt hier als Arktisches Mittelmeer bezeichnet wird. Weiterhin gehören die (anderen) 3 großen Mittelmeere dazu. Der Antarktische Ozean hatte historisch noch keine Bedeutung und gehört deshalb nicht dazu.

Die Sieben Weltmeere:
- der Atlantische Ozean (Atlantik),
- der Indische Ozean (Indik),
- der Pazifische Ozean (Pazifik, Stiller Ozean oder Großer Ozean),
- das Arktische Mittelmeer (Arktischer Ozean),
- das Amerikanische Mittelmeer (Karibisches Meer und Golf von Mexiko),
- das Australasiatische Mittelmeer (begrenzt von den Sunda-Inseln, Australien, Neuguinea, den Philippinen und dem asiatischen Festland),
- das Europäische Mittelmeer.

Randmeere, Binnenmeere und Mittelmeere

Einzelne Meere werden in der Regel den 5 Ozeanen zugeordnet. Bei den Meeren unterscheidet man grob zwischen Randmeeren, die direkt in den Ozean übergehen, und Binnenmeeren, die von Landmassen umschlossen und nur über Meerengen verbunden sind.

Eine besondere Rolle nehmen hierbei die Mittelmeere ein, die wie die Ozeane Kontinente voneinander trennen. Daher bilden auch Ozeane und Mittelmeere zusammen die wichtigen Sieben Weltmeere.

5 Unterschiede zwischen Meer und Ozean

Randmeere

Randmeere sind Nebenmeere, die am Rand der Kontinente bzw. Ozeane liegen und nur durch Inselketten, Meeresrücken oder Tiefseerinnen – also nur unvollständig – vom freien Ozean getrennt sind.

Mittelmeere

Die 3 Mittelmeere sind große Nebenmeere, die zwischen den Kontinenten liegen:

- Europäisches Mittelmeer (ein östliches Nebenmeer des Atlantischen Ozeans) liegt zwischen Afrika, Asien und Europa.
- Australasiatisches Mittelmeer (ein Nebenmeer des Pazifischen Ozeans) liegt zwischen Asien und Australien.
- Amerikanisches Mittelmeer (ein westliches Nebenmeer des Atlantischen Ozeans) liegt zwischen Nord- und Südamerika.

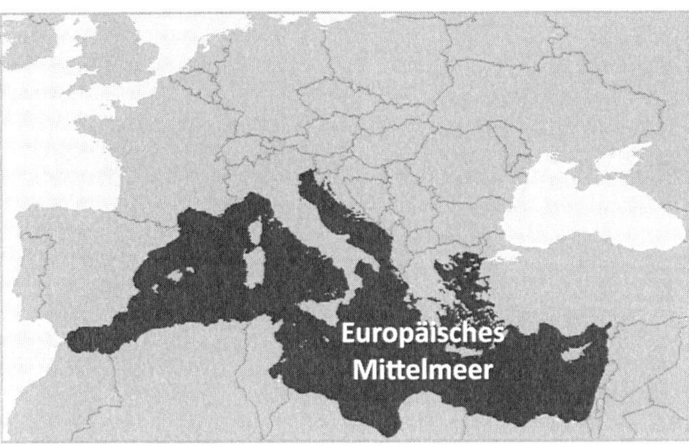

Binnenmeere

„Meere", welche wie das Kaspische Meer und das Tote Meer von Land umschlossen sind, sind nicht als Meere zu definieren. Sie gelten als Binnengewässer.

Was ist ein See?

Seen sind Binnengewässer ohne direkte Verbindung zu den Ozeanen. Von einem See kann man nicht direkt auf ein Meer fahren. Ein Wasseraustausch findet lediglich über Verdunstung und Niederschlag statt. Das Kaspische Meer müsste eigentlich Kaspischer See heißen, und auch das Tote Meer ist lediglich ein See.

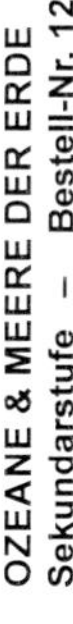

5 Unterschiede zwischen Meer und Ozean

Meer und Ozean

Die Begriffe Meere und Ozeane werden häufig untereinander austauschbar verwendet, dabei gibt es doch erhebliche Unterschiede zwischen den Meeren und Ozeanen. Wenn man sich mit der Thematik etwas genauer beschäftigt, wird man schnell feststellen, dass die beiden Bezeichnungen an sich verschieden und auf keinen Fall austauschbar sind. Die Unterschiede und Besonderheiten werden im Folgenden genannt und erläutert.

Was ist ein Ozean?

- Ein Ozean ist eine große zusammenhängende Wasserfläche zwischen den Kontinenten.
- Ozeane sind größer als Meere.
- Ein Ozean ist eine viel größere offene Wasserfläche als ein Meer.
- Die Ozeane werden von Kontinenten begrenzt.
- Es gibt nur 5 Ozeane auf der Erde, aber deutlich mehr Gewässer, die als „Meer“ bezeichnet werden.
- Die Ozeane beeinflussen das Klima der Erde durch einen ständigen Wärmetransfer vom Äquator zu den Polen.

Ozeane: Arktischer, Atlantischer, Indischer, Pazifischer und Antarktischer Ozean

Was ist ein Meer?

- Meere sind kleiner als Ozeane und von einem oder mehreren Ländern umgeben bzw. begrenzt. Sie hängen mit einem Ozean zusammen, der viel größer ist.
- Ein Meer ist ein kleinerer Teil eines Ozeans und zum Teil von einer Landfläche umschlossen.
- Viele Meere sind vor allem durch Länder und nicht durch ganze Kontinente begrenzt.
- Meere befinden sich in Gebieten, in denen Ozean und Land aufeinandertreffen.
- Von Neben- oder Randmeeren ist z. B. die Rede, wenn sie durch Inselketten vom Hauptmeer getrennt sind oder sich am Rand von Kontinenten befinden.
- Meere umfließen die Kontinente und tauschen mit den Ozeanen Wasser aus.
- Neben den 5 Ozeanen gibt es ungefähr 80 Meere.
- Auch wenn Nord- und Ostsee „die See“ im Namen tragen, sind sie Meere.
- Es gibt nur 5 Ozeane, aber deutlich mehr Meere auf der Erde.
- Meere sind im Allgemeinen viel flacher als Ozeane.
- Das Australasiatische Mittelmeer ist mit 9,1 Mio. km² das größte Meer der Welt und dennoch viel kleiner als der kleinste Ozean, der Arktische Ozean mit 14,06 Mio. km².

Meere (Nebenmeere) – eine Auswahl:

- Gelbes Meer = umrandet von Japan, Nordkorea, Südkorea, China;
- Ostsee = umrandet vom Baltikum, Deutschland, Polen, Skandinavien;
- Schwarzes Meer = umrandet von Bulgarien, Rumänien, Ukraine, Russland, Georgien, Türkei;
- Nordsee = umrandet von Deutschland, Dänemark, Norwegen, Großbritannien, Frankreich, Belgien, Niederlande;
- Japanisches Meer = umrandet von Japan, Nordkorea, Russland, Südkorea.

Japanisches Meer

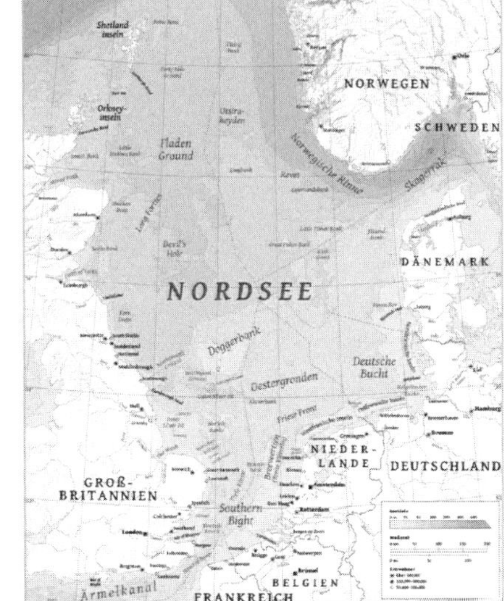

5 Unterschiede zwischen Meer und Ozean

Meere im Vergleich mit Ozeanen – die Unterschiede
Der entscheidende Unterschied zwischen Meer und Ozean liegt in der Größe, Lage und Tiefe des jeweiligen Gewässers.

Meere sind in der Regel von Landflächen begrenzt und befinden sich entlang von Küsten oder zwischen Inseln. Sie können auch als Verbindungen zwischen Ozeanen oder zwischen Ozean und Land dienen, wie etwa der Ärmelkanal, der eine Verbindung zwischen der Nordsee und dem Atlantischen Ozean bildet.
Ozeane sind große, offene und tiefe Wasserflächen, sie sind nicht von Land begrenzt, sondern erstrecken sich über weite Strecken um die Kontinente herum. Insgesamt sind Ozeane deutlich größer, tiefer und geographisch offener als Meere, weshalb auch ihre Eigenschaften unterschiedlich sind.
Obwohl es große Unterschiede zwischen Ozeanen und Meeren gibt, sind beide Wasserflächen untrennbar miteinander verbunden und haben einen großen Einfluss auf das Klima und das Leben auf der Erde.

	Ozean	Meer
Größe und Tiefe	größer und tiefer	kleiner und weniger tief
Geografie	weniger von Land begrenzt	meist von Landflächen begrenzt
Ökologie	Lebensraum für Tiefseebewohner, unterschiedliche Salzkonzentrationen	Korallenriffe, Flussmündungen

In den **Ozeanen** gibt es Tiefseegräben, die als Lebensraum für eine Vielzahl von Tiefseebewohnern dienen. Einige Ozeane weisen höhere Salzkonzentrationen auf, wie etwa der Atlantische Ozean, während andere, wie der Arktische Ozean, eisbedeckt und für viele Arten ungeeignet sind.
Meere weisen durch ihre Nähe zum Land und ihre eingeschränktere geografische Ausdehnung oft differenziertere Ökosysteme auf. Hier finden sich beispielsweise Korallenriffe wie im Roten Meer oder artenreiche Flussmündungen wie die des Amazonas, der in den Atlantischen Ozean mündet.

Aufgabe 1: 

Nenne einige Unterschiede zwischen einem Ozean und einem Meer?

Aufgabe 2: 

Was ist ein Mittelmeer? Nenne Beispiele.

Aufgabe 3: 

Welche Mittelmeere sind hier abgebildet? Nenne ihre Fläche in km².

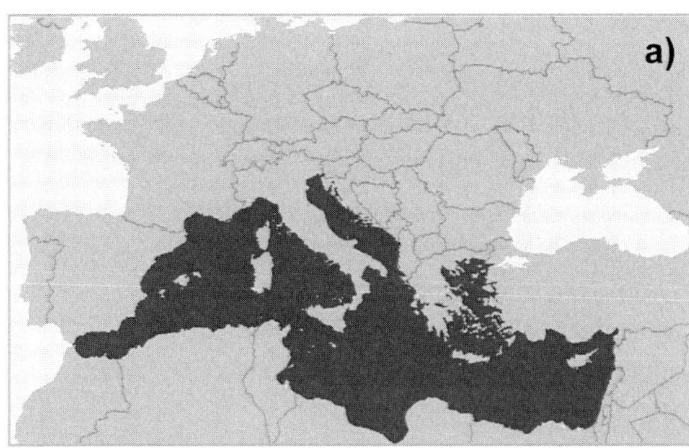

6 Meeresströmungen

Entstehung – Oberflächenströmungen – Tiefenströmungen – große Meeresströme

Die Erdoberfläche besteht zu 71 % nur aus Wasser. Das Wasser ist ständig durch unterschiedliche Meeresströmungen in Bewegung. Rund 97 % des gesamten Wassers der Erde befindet sich als Salzwasser in den Ozeanen. Aufgrund der großen Meeresströmungen ist es ständig in Bewegung.

Meeresströmungen sind aus gewaltigen Wassermassen bestehende, in kontinuierlicher Bewegung befindliche Ströme von Meerwasser. Die Ströme sind auch vertikal in Bewegung, vor allem aber breiten sie sich in horizontaler Richtung über 4 der 5 Ozeane (Atlantischer, Pazifischer, Indischer und Antarktischer Ozean) aus. Dieses umfassende System der Meeresströmungen wird umgangssprachlich auch als das **globale Förderband der Meere** bezeichnet. Es sorgt dafür, dass die 4 Ozeane untereinander ständig Wasser austauschen.

Das globale Förderband der Meere

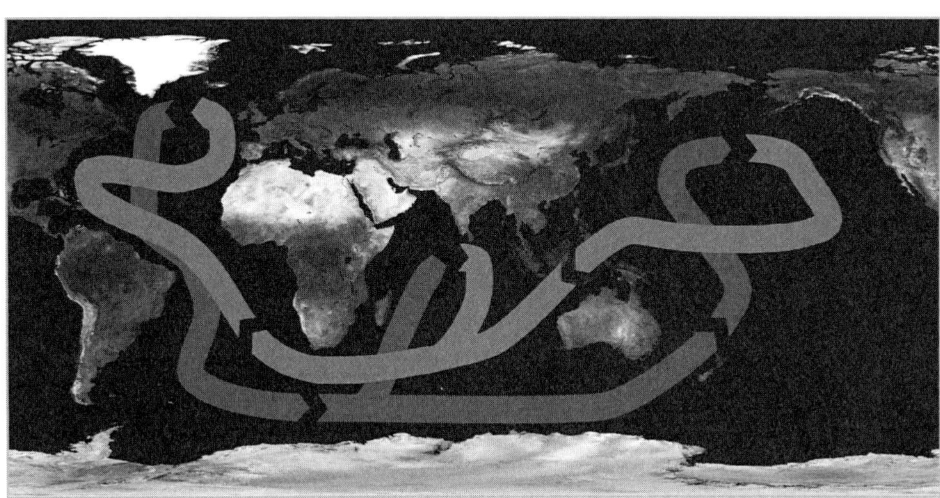

Präziser nennt man das globale Förderband auch „**thermohaline Zirkulation**". Die Herleitung aus dem Griechischen (*thermos* = warm; *hal* = Salz) gibt den Hinweis, dass die Meeresströmungen vom Salzgehalt und der Temperatur des Wassers abhängig sind. Aber auch von der Richtung des Windes! Um das globale Förderband zu verstehen, muss man drei Dinge unbedingt wissen:

- Wind kann die Bewegung des Wassers beeinflussen.
- Je höher der Salzgehalt des Wassers ist, desto höher ist seine Dichte und desto stärker sinkt das Wasser.
- Warmes Wasser ist leichter und bleibt an der Oberfläche, während kaltes Wasser eine höhere Dichte als warmes Wasser hat und daher stärker sinkt.

Wie die Atmosphäre sind auch die Ozeane immer in Bewegung. Meerwasser kann an der Oberfläche oder in der Tiefe horizontal strömen oder es kann vertikal absinken bzw. aufsteigen. Kurz gesagt versteht man unter einer Meeresströmung den senkrechten oder horizontalen Transport von großen Wassermassen.

Zusammenfassend sind Meeresströmungen auf 3 Kräfte zurückzuführen:

- Anhaltende Winde → Oberflächenströmungen (Passat, Westwinddrift, Monsun),
- Dichteunterschiede → Tiefenströmungen (kaltes Wasser und salzreiches Wasser),
- Anziehungskraft des Mondes → Küstenströmungen, Gezeiten.

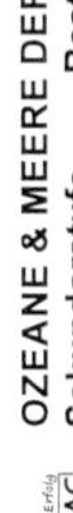

6 Meeresströmungen

Man unterscheidet Oberflächenströmungen und Tiefenströmungen.
Dazu nun folgende Erklärungen:

Oberflächenströmungen werden im Wesentlichen durch Winde angetrieben, vor allem durch die Passate und die Westwindströmungen.

- Eine Oberflächenströmung reicht bis in eine Tiefe von ca. 100 m, in den Tropen auch bis zu 200 m.
- Oberflächenströmungen entstehen durch anhaltende Winde, besonders durch **Passate** und **Westwinde**, aber auch tropische Monsune.
- Oberflächenströmungen sind im Durchschnitt 20 cm/sec schnell – die Höchstwerte liegen aber bei über 200 cm/sec.

Mit **Westwindzone** oder **Westwinddrift** meint man ein Windsystem in den mittleren Breitengraden, etwa zwischen 40°-60° auf beiden Halbkugeln. Die Westwinddrift ist auf der Südhalbkugel intensiver und treibt dort den Zirkumpolarstrom an.

Ein Passat ist ein mittelstarker, stetiger Wind, der in den tropischen Seegebieten zwischen 23,5° N und 23,5° S rund um den Erdball auftritt. Man unterscheidet zwei Passate mit verschiedenen Hauptwindrichtungen und zwar: den Nordost-Passat auf der Nordhalbkugel und den Südost-Passat auf der Südhalbkugel. Die Richtung, aus der der Wind kommt, verleiht dem Passat seinen Namen, d. h. der Nordost-Passat weht aus nordöstlicher und der Südost-Passat aus südöstlicher Richtung.

Tiefenströmungen

Auch in großer Tiefe zirkulieren riesige Wassermassen. Die Tiefenströmungen werden durch die Unterschiede der Wasserdichte angetrieben, denn kühles, salzreiches Wasser ist schwerer als warmes, salzarmes Wasser und sinkt daher immer nach unten. Von großer Bedeutung für die thermohaline Zirkulation sind die Meeresregionen in den Polargebieten. Hier sinkt das Kaltwasser ab, fließt am Meeresgrund in Richtung Äquator und ersetzt als Auftriebswasser teilweise das Wasser, das durch Driftströmungen vom Äquator ausgehend nach Norden bzw. Süden transportiert wird. So erfolgt eine weltweite Umwälzung der Wassermassen.

Was bewirken Meeresströmungen?

- Meeresströmungen durchqueren die 5 Ozeane wie riesige Flüsse und transportieren enorme Wassermassen, ähnlich einem Förderband, rund um den Globus.
- Warmes Wasser vom Äquator strömt in Richtung der Pole, kaltes Wasser der Polargebiete sinkt zum Meeresboden und fließt zurück zum Äquator. Wenn es die großen Meeresströme nicht gäbe, wären die Temperaturunterschiede der Erde weitaus extremer als jetzt. So ist der Golfstrom für milde Klimaverhältnisse in Europa verantwortlich.
- Meereströmungen sorgen auch für einen Austausch von Sauerstoff und Nährstoffen auf der ganzen Erde.
- Auch Eisberge, Schiffe oder Müll können durch die Strömungen transportiert werden.

Treibhauseffekt und Meeresströmungen

Ohne Ozeane wäre der Treibhauseffekt noch wesentlich schlimmer, weil vom jährlichen Ausstoß des Treibhausgases CO_2 etwa 50 % von den Meeren aufgenommen werden. Dies geschieht hauptsächlich in den oberen 50-100 m der Ozeane, da dort Wind und Wellen zu einer guten Durchmischung und damit Aufnahme von Gasen führen. Ein großer Teil wird mit dem Oberflächenwasser in die Tiefe geleitet. Das mit CO_2 gesättigte Wasser verschwindet also vorerst in der Tiefe und wird durch frisches, aufnahmefähiges Wasser ersetzt.

OZEANE & MEERE DER ERDE
Sekundarstufe – Bestell-Nr. 12 946

6 Meeresströmungen

Es gibt laut der World Ocean Review mehr als 40 Meeresströmungen in den Weltmeeren.

Großräumige Meeresströmungen

Name	Ozean	w = warm / k = kalt
Agulhasstrom	Indischer Ozean (Südostafrikanische Küste)	w
Antarktischer Zirkumpolarstrom	Atlantik, Pazifik und Indischer Ozean	k
Antillenstrom	Atlantik	w
Äquatorialstrom	Pazifik	w
Äquatorialer Gegenstrom	jeweils im Pazifik und Indischen Ozean	w
Azorenstrom	Atlantik (Azorenschwelle)	w
Benguelastrom	Atlantik (Südwestafrikanische Küste)	k
Brasilstrom	Atlantik (Ostbrasilianische Küste)	w
Chinesischer Küstenstrom	Pazifik (Ost- und Südchinesisches Meer)	w
Falklandstrom	Atlantik (Falklandinseln)	k
Floridastrom	Atlantik (Golf von Mexiko, Floridastraße)	w
Golfstrom	Atlantik (Amerikanische Ostküste, Nordatlantik)	w
Guineastrom	Atlantik (Golf von Guinea)	w
Humboldt-Strom	Pazifik (Südamerikanische Westküste)	k
Irmingerstrom	Atlantik (Europäisches Nordmeer)	w
Kalifornienstrom	Pazifik (Amerikanische Westküste)	k
Kanarenstrom	Atlantik (Westeuropäische/Westafrikanische Küste)	k
Kap Hoorn-Strom	Pazifik, Atlantik (Südspitze Südamerikas)	k
Karibische Strömung	Atlantik (Karibisches Meer, Golf von Mexiko)	w
Kuroshio	Pazifik (Westpazifik, Japanisches Meer)	w
Labradorstrom	Atlantik (Atlantik, Neufundlandbecken)	k
Mosambikstrom	Indischer Ozean (Straße von Mosambik)	w
Nordäquatorialstrom	jeweils im Atlantik, Pazifik und im Indischen Ozean	w
Nordatlantischer Strom	Atlantik	w
Nordpazifikwirbel	Pazifik	w
Norwegischer Strom	Atlantik (Nordsee, Europäisches Nordmeer)	w
Ostaustralstrom	Pazifik (Tasmansee)	w
Ost- und Westgrönlandstrom	Atlantik (Atlantik, Europäisches Nordmeer)	k
Oyashio-Strom	Pazifik (Beringmeer)	k
Portugalstrom	Atlantik (portugiesische Küste)	w
Somaliströmung	Indischer Ozean (Nordostafrikanische Küste)	w
Südäquatorialstrom	jeweils im Atlantik, Pazifik und Indischen Ozean	w
Westaustralstrom	Indischer Ozean (Westaustralische Küste)	k

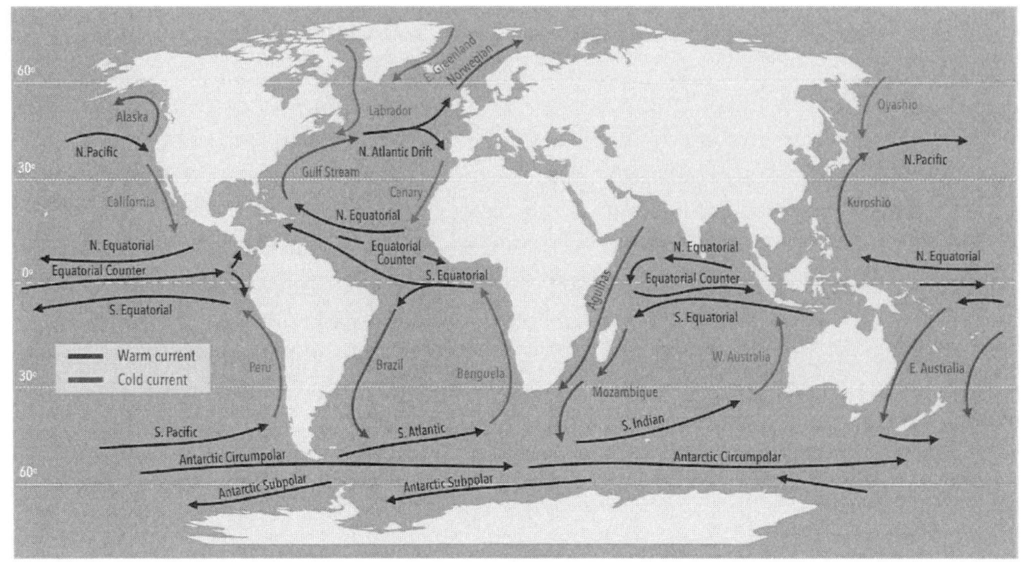

6 Meeresströmungen

Beispiele

Der antarktische Zirkumpolarstrom
ist eine kalte, um Antarktika herumkreisende Strömung, die Atlantik, Indik und Pazifik direkt verbindet und somit einen Ring aus sich kontinuierlich bewegenden Wassermassen bildet. Der antarktische Zirkumpolarstrom ist sehr kalt und sauerstoffreich und wird vor allem durch Westwinde angetrieben. Aufgrund seines auf dem gesamten ringförmigen Gebiet zusammenkommenden Volumens ist er die mächtigste Meeresströmung der Erde.

Der Golfstrom
ist einer der schnellsten und auch wärmsten Meeresströme unseres Planeten. Er ist ein wichtiger Teil des globalen Förderbandes bzw. (wissenschaftlich korrekt) der thermohalinen Zirkulation. Vom Äquator nach Nordeuropa transportiert der Golfstrom gewaltige Mengen an Wärmeenergie, welche uns in Europa sehr zugute kommt. Er heißt daher auch die „Zentralheizung Nordeuropas". In Richtung Europa fließend wandelt sich der Golfstrom allmählich zum Nordatlantikstrom. Der Golfstrom befördert etwa 30 Mio. km³ Wasser pro Sekunde.

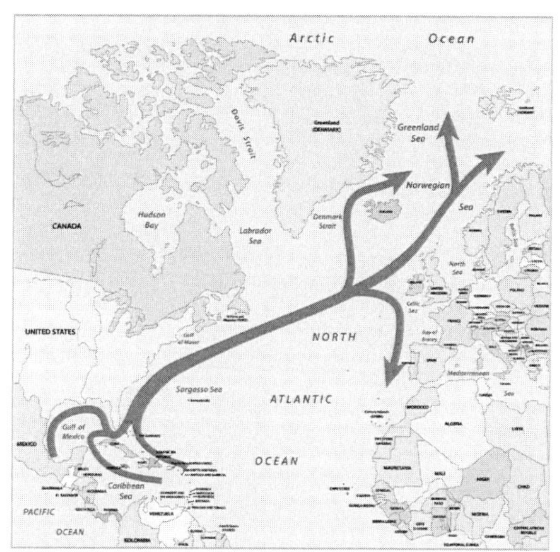

Der Humboldtstrom,
auch Peru-Strom genannt, ist eine kalte, aber salzarme Meeresströmung nahe der Oberfläche an der Westküste Südamerikas, benannt nach dem deutschen Forscher Alexander v. Humboldt. Dieser Strom hat seinen Ursprung in der Antarktis und fließt die südamerikanische Westküste hinauf von Chile ausgehend in den Norden. Etwa bei Ecuador verlässt die Strömung die Küste und dreht in westliche Richtung hin zum zentralen Pazifik. Dabei erwärmt sich das Wasser des Humboldtstroms allmählich und vermischt sich natürlich auch mit anderen Strömungen, um dann seinen Weg als warmer Südäquatorialstrom fortzusetzen. Der Humboldtstrom ist über 6500 km lang, liegt etwa zwischen 45° S und 4° S und ist bis zu 900 km breit.

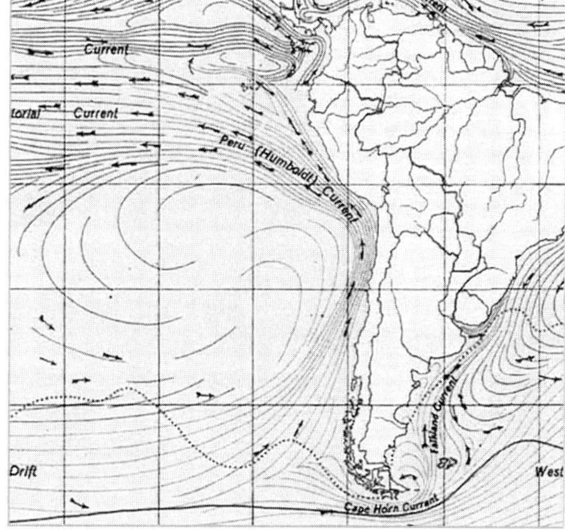

Aufgabe 1: 

Was ist eine Meeresströmung und wie entsteht sie?

Aufgabe 2: 

Was ist eine Oberflächenströmung?

Aufgabe 3: 

Was bewirken Meeresströmungen?

7 Lösungen

2. Wasser und Land – der blaue Planet

Aufgabe 1: Als Weltozean oder Globaler Ozean wird das miteinander verbundene System aller ozeanischen Gewässer bezeichnet, das den größten Teil der Hydrosphäre bedeckt. Das zeitgenössische Konzept des Weltozeans als Ganzes wurde 1917 vom russischen Ozeanographen Yuly Shokalsky (1856-1940) eingeführt.

Aufgabe 2: Als Landhemisphäre oder Landhalbkugel wird die Halbkugel des Erdglobus bezeichnet, die (rechnerisch ermittelt) den größten Festlandanteil aufweist. Die Landhemisphäre umfasst ganz Europa, Afrika, Nordamerika und Grönland, rund 95 % von Asien und 2 Drittel von Südamerika.

Aufgabe 3:

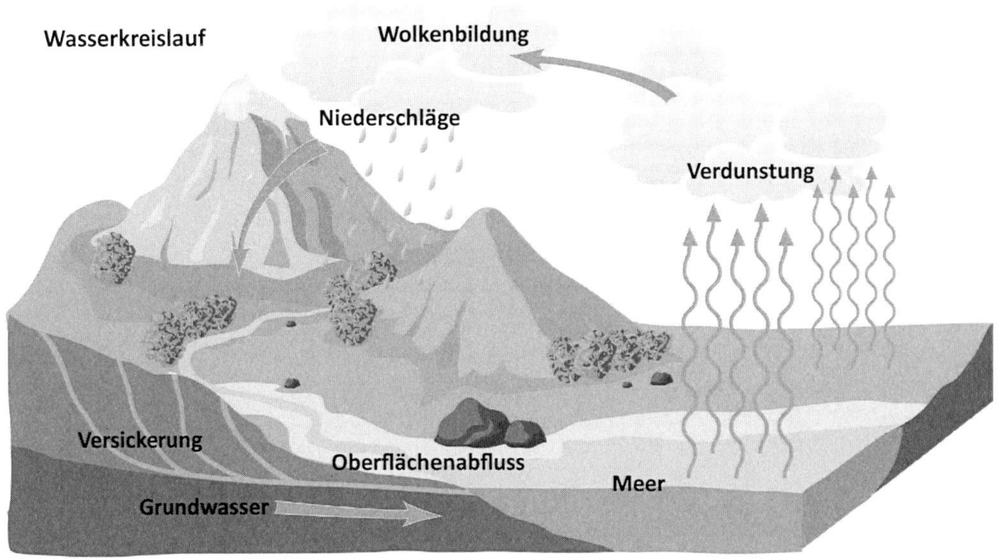

3. Was ist ein Ozean?

Aufgabe 1: Als Ozean bezeichnet man die größten Meere der Erde. Mit Ozeanen sind die gewaltigen Wassermassen (-flächen) gemeint, die unseren Planeten zu einem Großteil bedecken. Die Ozeane liegen zwischen den Kontinenten und werden teilweise nach den Regionen des Festlandes benannt, an die sie angrenzen. Das Wort „Ozean" kommt aus dem Griechischen (*Ώκεανός* = *Ōkeanós*) und bedeutet „der die Erdscheibe umfließende Weltstrom".

Aufgabe 2:

- Durch Abwässer reichern sich Nährstoffe im Meer an.
- Tiere halten Plastikmüll für Nahrung und ersticken daran.
- Schwermetalle aus der Industrie vergiften langsam die Fische.
- Die Erwärmung der Ozeane verursacht Pflanzensterben und gefährdet Tierarten. Eine evolutionäre Anpassung gelingt nicht schnell genug, als Folge sterben viele Tiere und Pflanzen aus.
- Erdöl aus Schiffskatastrophen und Bohrinseln vergiften Tiere und Mikroorganismen.
- Fischbestände sind durch dauerhafte Überfischung gefährdet.
- Algen wachsen stärker aufgrund von ins Meer gelangenden Düngemitteln aus der Landwirtschaft.

Aufgabe 3: Pflanzliches Plankton (= Phytoplankton – es besteht vor allem aus Kieselalgen, Grünalgen, Goldalgen) produziert einen großen Teil des Sauerstoffs in der Atmosphäre, schätzungsweise 50-80 %. Allerdings ist durch die ansteigenden Meerestemperaturen die Menge an Phytoplankton seit 1950 um 40 % zurückgegangen.

4. Die fünf Ozeane

Aufgabe 1:

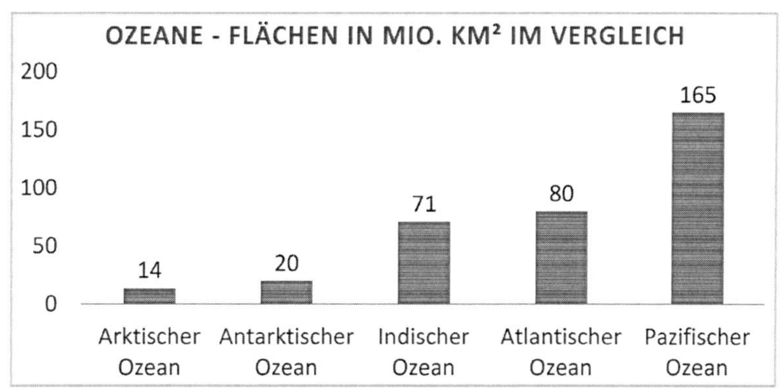

Aufgabe 2: Der Indische Ozean ist der wärmste aller Ozeane. Er hat eine Fläche von 70,56 Mio. km². Sein tiefster Punkt liegt bei 7100 m.

Aufgabe 3:
- Ozeane sind die Wasserflächen/-massen, die zwischen den Kontinenten liegen. Die größten Meere der Erde werden als Ozeane bezeichnet. Man nennt sie auch Weltmeere.
- Insgesamt sind 71 % der Erdoberfläche von Ozeanen und deren Nebenmeeren bedeckt.

4.1 Arktischer Ozean

Aufgabe 1: Der arktische Ozean grenzt an folgende Länder bzw. Landesteile: Kanada, USA (Bundesstaat Alaska), Grönland (Dänemark), Island, Norwegen und Russland.

Aufgabe 2: Ein großer Teil des arktischen Ozeans wird von Eis bedeckt. Je nach Jahreszeit nimmt die Eisbedeckung zu oder ab. Insgesamt hat die Eisfläche seit den 1970er Jahren deutlich abgenommen (Klimaveränderung).

Aufgabe 3:

Grönlandsee	1.205.000
Europäisches Nordmeer	1.100.000
Barentssee	1.405.000

4.2 Atlantischer Ozean

Aufgabe 1: Der Atlantik grenzt ...
- Im Norden an die Arktis bzw. den Arktischen Ozean,
- im Süden an die Antarktis bzw. den Antarktischen Ozean,
- im Osten an Afrika und den Indischen Ozean,
- Im Nordwesten an Nordamerika,
- Im Nordosten an Europa,
- im Südwesten an Südamerika.

Aufgabe 2:
- **Nordamerika**: Mississippi – St. Lorenz-Strom – Rio Grande
- **Südamerika**: Orinoco – Amazonas – Tocantins – Sao Francisco – Rio de la Plata (Mündung von Parana und Uruguay)
- **Europa**: Tejo (Tajo)
- **Afrika**: Senegal – Niger – Kongo – Oranje

4.2 Atlantischer Ozean

Aufgabe 3:

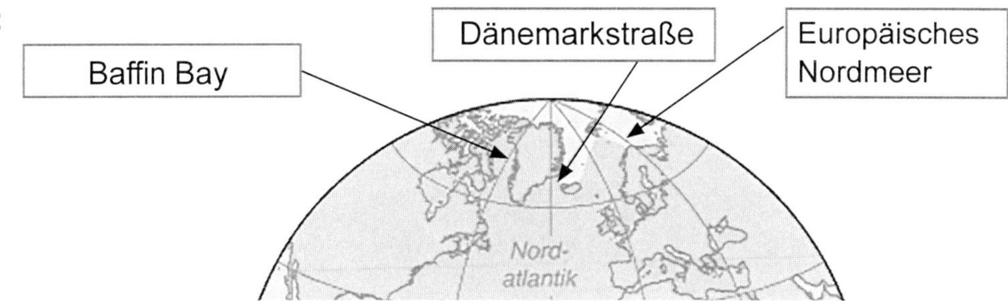

4.3 Pazifischer Ozean

Aufgabe 1: Seinen heutigen Namen Pazifik bekam der Ozean vom portugiesischen Seefahrer Ferdinand Magellan (1480-1521), der während einer Weltumsegelung in den Jahren 1519 bis 1522 den Pazifik als ruhigen Ozean erlebte und ihn „Mar Pacifico" nannte, was auf Portugiesisch „friedliches Meer" bedeutet.

Aufgabe 2: Die Temperaturen des Pazifischen Ozeans hängen von der Lage ab. Je näher man sich am Äquator befindet, desto wärmer ist das Wasser naturgemäß. So ist das Wasser in manchen Regionen bis zu 30 °C warm, während in der Nähe der Pole das Wasser bis zu 0 °C haben kann.

Aufgabe 3: Als Pazifischer Feuerring wird ein Vulkangürtel bezeichnet, der den Pazifischen Ozean von 3 Seiten umgibt. Mehr als 450 Vulkane erstrecken sich über 40.250 km in einer U-Form vom äußersten Süden Südamerikas, entlang der Westküste Nordamerikas, über die Beringstraße, dann wieder hinunter über Japan und schließlich bis Neuseeland. Dies macht mehr als 3 Viertel aller Vulkane der Welt aus. Der Feuerring ist auch ein Gebiet mit ständiger Erdbebengefahr: 90 % aller Erdbeben der Welt ereignen sich dort.

4.4 Indischer Ozean

Aufgabe 1:
- Der 20. Meridian ö. L., der in etwa auf dem Kap Agulhas liegt, stellt die geografische Grenze zwischen Atlantik und Indik dar.
- Als Grenze zwischen Pazifik und Indik gilt der Meridian vom Südkap Tasmaniens an der Südspitze Australiens (147° ö. L.).

Aufgabe 2:

Südostasien:	Indien:	- Brahmaputra mündet in Bangladesch ins Gangesdelta. - Ganges mündet in den Golf von Bengalen. - Godavari mündet in den Golf von Bengalen.
	Pakistan:	- Indus mündet in das Arabische Meer.
	Myanmar:	- Irawadi mündet in das Andamanische Meer. - Saluen mündet in das Andamanische Meer.
Afrika:	Mosambik:	- Sambesi mündet in die Straße von Mosambik.
Syrien/Irak:		- Schatt al Arab = Zusammenfluss von Euphrat/Tigris, mündet in Persischen Golf.

Aufgabe 3:
a) Madagaskar – liegt vor der Ostküste Mosambiks und hat eine Fläche von 587.041 km².
b) 1 = Golf von Bengalen / 2 = Ganges / 3 = Brahmaputra / 4 = Irawadi / 5 = Saluen

4.5 Antarktischer Ozean

Aufgabe 1: Schelfeis oder Eisschelf nennt man eine große Eisplatte, die auf dem Meer schwimmt, von Gletschern, Eisströmen oder Eiskappen gespeist wird und noch mit diesen verbunden ist. Von Schelfeis spricht man, falls die Platte mehr als 2 m über den Meeresspiegel hinausreicht. Meistens ist Schelfeis 200-1000 m dick. Ein Merkmal von Schelfeis ist das Abbrechen von Eisbergen am äußersten Rand. Dieser Prozess wird als Kalben bezeichnet.

Aufgabe 2: Die natürliche Grenze des Antarktischen Ozeans bildet die antarktische Konvergenz oder auch Meinardus-Linie. Das ist die Zone, in der die kalten Wassermassen des Antarktischen Ozeans auf die warmen Wassermassen des Nordens treffen. Sie verläuft unregelmäßig auf 40-60° s. B. und schwankt auch jahreszeitlich.

Aufgabe 3: Der Antarktische Ozean besitzt ein einzigartiges Ökosystem, in dem besonders das garnelenförmige Krebstier Krill gedeiht und einen wichtigen Teil des Planktons ausmacht. Die bekannteste Art ist der Antarktische Krill, er bildet riesige Schwärme und lebt in den Gewässern um die Antarktis. Er gehört zu den garnelenartigen Wirbellosen, die in großen Schwärmen leben. Ein solcher Schwarm kann pro km³ Wasser 10.000 bis 30.000 Individuen umfassen. Der Krill ernährt sich von winzigem Phytoplankton.

5. Unterschiede zwischen Meer und Ozean

Aufgabe 1: Der entscheidende Unterschied zwischen Meer und Ozean liegt in der Größe, Lage und Tiefe des jeweiligen Gewässers. Ein **Ozean** ist eine große zusammenhängende Wasserfläche zwischen den Kontinenten.
Meere sind kleiner als Ozeane und in der Regel von Landflächen begrenzt. Sie befinden sich entlang von Küsten oder zwischen Inseln. Sie können auch als Verbindungen von Ozeanen oder zwischen Ozean und Land dienen, wie etwa der Ärmelkanal, der eine Verbindung zwischen der Nordsee und dem Atlantischen Ozean bildet.

Aufgabe 2: Mittelmeere sind große Nebenmeere, die zwischen den Kontinenten liegen. Beispiele:
- Europäisches Mittelmeer (ein östliches Nebenmeer des Atlantischen Ozeans) liegt zwischen Afrika, Asien und Europa.
- Australasiatisches Mittelmeer (ein Nebenmeer des Pazifischen Ozeans) liegt zwischen Asien und Australien.
- Amerikanisches Mittelmeer (ein westliches Nebenmeer des Atlantischen Ozeans) liegt zwischen Nord- und Südamerika.

Aufgabe 3: **a)** Europäisches Mittelmeer ≈ 2,5 Mio. km²
b) Amerikanisches Mittelmeer ≈ 4,4 Mio. km²

6. Meeresströmungen

Aufgabe 1: Kurz gesagt versteht man unter einer Meeresströmung den senkrechten oder horizontalen Transport von großen Wassermassen in Ozeanen/Meeren.

Zusammenfassend sind Meeresströmungen auf 3 Kräfte zurückzuführen:

- Anhaltende Winde → Oberflächenströmungen (Passat, Westwinddrift, Monsun),
- Dichteunterschiede → Tiefenströmungen (kaltes Wasser und salzreiches Wasser),
- Anziehungskraft des Mondes → Küstenströmungen, Gezeiten.

Aufgabe 2:

- Eine Oberflächenströmung reicht bis in ca. 100 m Tiefe, in den Tropen auch bis 200 m.
- Oberflächenströmungen entstehen durch anhaltende Winde, besonders durch Passate und Westwinde.
- Oberflächenströmungen sind im Durchschnitt 20 cm/sec schnell – die Höchstwerte liegen aber bei über 200 cm/sec.

Aufgabe 3:

- Meeresströmungen durchqueren die 5 Ozeane wie riesige Flüsse und transportieren enorme Wassermassen, ähnlich einem Förderband, rund um den Globus.
- Warmes Wasser vom Äquator strömt in Richtung der Pole, kaltes Wasser der Polargebiete sinkt zum Meeresboden und fließt zurück zum Äquator. Wenn es die großen Meeresströme nicht gäbe, wären die Temperaturunterschiede der Erde weitaus extremer als jetzt. So ist der Golfstrom für milde Klimaverhältnisse in Europa verantwortlich.
- Meereströmungen sorgen auch für einen Austausch von Sauerstoff und Nährstoffen auf der ganzen Erde.
- Auch Eisberge, Schiffe oder Müll werden durch die Strömungen transportiert.

Bildquellen

Bildquellen © AdobeStock.com:

S. 5: goolliver25;
S. 6: JohanSwanepoel;
S. 8: 1xpert (2x);
S. 9: Vasily Merkushev;
S. 10: Vasily Merkushev;
S. 11: Thongtawat;
S. 12: Surkhab;
S. 13: whitcomberd, Michael Rosskothen;
S. 17: lesniewski;
S. 18: Peter Hermes Furian;
S. 20: lesniewski (2x), Iryna Volina, Peter Hermes Furian;
S. 21: Thongtawat;
S. 22: blueringmedia;
S. 24: Dimitrios;
S. 25: Angela Meier;
S. 27: Sheviakova, bennymarty;
S. 28: ii-graphics;
S. 29: srtm_Cdc;
S. 30: «MysticaLink», Anton Balazh (2x);
S. 31: Jan, Ondrej Novotny, guty42, slowmotiongli, Joonyoung Hwang, Foto-Jagla.de, Peter Hermes Furian;
S. 32: blueringmedia, «MysticaLink», Anton Balazh;
S. 33: martynan, online sender;
S. 35: Peter Hermes Furian;
S. 44: Dimitrios;
S. 45: lesniewski (2x);
S. 46: Vasily Merkushev

Bildquellen © wikimedia.org:

S. 7: Pinpin, Central Intelligence Agency (CIA);
S. 12: Furfur;
S. 13: Gretarsson;
S. 14: NASA Earth Expeditions;
S. 15: mollweide_de_Alexrk2;
S. 17: Kirill.uyutnov, Chief Yeoman Alphonso Braggs, US-Navy;
S. 19: RosarioVanTulpe (2x), CIA;
S. 22: RedAndr, CIA;
S. 23: Wamito;
S. 24: U.S. Navy;
S. 25: NormanEinstein, Eric Gaba, CIA;
S. 26: Gringer;
S. 28: CIA World Factbook, Janneman;
S. 30: Tentotwo;
S. 34: Rooiratel, Giovanni Fattori, Topbanana;
S. 35: M.Minderhoud;
S. 36: Ivanov;
S. 37: Johantheghost, Uwe Kils:
S. 38: mollweide_de_Alexrk2;
S. 39: M.Minderhoud, Raimond Spekking, User-Zinnmann, Jeffrey Williams;
S. 40: Chris 73, de_Halava;
S. 41: M.Minderhoud, Raimond Spekking;
S. 42: Brisbane;
S. 48: CIA

Rudi Lütgeharm

Wochenplan Erdkunde

Die Struktur der Wochenpläne vermittelt ganz klar, was an welchem Tag zu erledigen ist, die Kompetenzen Selbstorganisation und Ausdauer werden dabei gefördert. In kleinen Portionen werden hier die Bereiche Globus/Gradnetz/Pole, vom Luftbild zur Karte mit Maßstab/Symbolen, schnelles Zurechtfinden im Atlas, Deutschland/Europa politisch – Bundesländer, Staaten, Einwohner – und landschaftlich – Flüsse, Gebirge – abgedeckt.

5 6 7 8 9 10

108 S.	Klasse 5	12 587	ab 19,99 €
116 S.	Klasse 6	12 588	ab 18,49 €
128 S.	Klasse 7	12 777	ab 21,49 €
116 S.	Klasse 8	12 778	ab 21,49 €
100 S.	Klasse 9/10	12 945	ab 19,99 €

Rudi Lütgeharm

Stationenlernen Erdkunde

An jeder Station erhalten die Schüler ausführliche Angaben/Infos zum jeweiligen Thema, leicht verständliche Aufgabenstellungen sowie Arbeits- und Lösungsblätter. Unter Berücksichtigung der unterschiedlichen individuellen Voraussetzungen erfolgt eine differenzierte Gestaltung der Stationen.

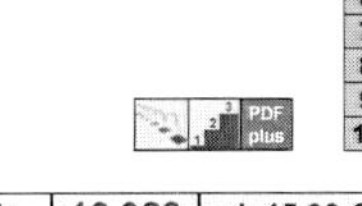

5 6 7 8 9 10

72 S.	Klasse 5/6	12 328	ab 15,99 €
88 S.	Klasse 7/8	12 329	ab 17,49 €
88 S.	Klasse 9/10	12 330	ab 16,49 €

Friedhelm Heitmann

Erdkunde – Kurz, knapp & klar

Diese umfassenden Erdkunde-Arbeitsblätter vermitteln das wichtigste geographische Grundwissen. Es werden wichtige Bereiche erläutert und mit Arbeitsaufträgen oder Spielvarianten in der Gruppe gefestigt. Diese Materialsammlung gibt ein solch fundiertes geographisches Wissen, dass sie auch als Erdkunde-Portfolio oder als Erdkunde-Jahresmappe verwendet werden kann! Optimales Freiarbeitsmaterial zur Wiederholung und Auffrischung vorhandenen Lernstoffes.

5 6 7 8 9 10

92 Seiten	12 331	ab 17,49 €

FÖ PDF plus

Friedhelm Heitmann

Einfach Erdkunde

Elementares Wissen leicht erklärt

Verständlich formulierte Texte und Aufgaben helfen in diesem Band, elementare Kenntnisse im Fach Erdkunde zu vermitteln, festigen und zu kontrollieren. Neben umfassend vorbereiteten praktischen Übungen bietet das Werk ergänzende Tests und Lernzielkontrollen, die auch einen fachfremden Einsatz erleichtern.

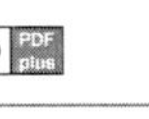

5 6 7 8 9 10

76 Seiten	12 240	ab 15,99 €

FÖ PDF plus

Friedhelm Heitmann

Allgemeinwissen fördern ERDKUNDE

Grundkenntnisse fachgerecht in kleinen Portionen

Eine gute Allgemeinbildung ist wertvoll und sinnvoll. Doch leider fällt es vielen Jugendlichen durch den starken Einfluss der medialen Welt heute zunehmend schwerer, ihr Allgemeinwissen in mehreren Bereichen zu erweitern. Genau hier knüpft dieser Band an. Innerhalb des Fachbereiches vermittelt das Unterrichtsmaterial ein Basiswissen in kleinen Portionen, das dem Allgemeinwissen förderlich ist.

5 6 7 8 9 10

96 Seiten	11 600	ab 15,99 €

FÖ PDF plus

Friedhelm Heitmann

Allgemeinwissen fördern Natur & Umwelt

Grundkenntnisse in kleinen Portionen vermitteln

Eine gute Allgemeinbildung zu haben ist wertvoll und für viele selbstverständlich. Genau hier knüpft dieser Band an! Das Unterrichtsmaterial vermittelt ein Basiswissen in kleinen Portionen, das dem Allgemeinwissen förderlich ist. Sämtliche Kopiervorlagen sind mit klar formulierten Infotexten, dazu ausgearbeiteten Aufgaben und Lösungen, die auch zur Selbstkontrolle genutzt werden können, ausgestattet.

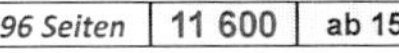

5 6 7 8 9 10

52 Seiten	12 760	ab 14,99 €

FÖ PDF plus

Michael Freund

Klimazonen an Stationen

Die Gliederung der Erde aufgrund des jeweiligen Klim nach Zonen ist zunächst einmal übersichtlich von Nord nach Süden. Weil aber zum Beispiel die große Landmas Asiens im Norden der größeren Wassermenge im Süd gegenüber steht, führt dies auf den Kontinenten doch zu teressanten Effekten. So und ähnlich verteilt sich das The in drei Niveaustufen auf die einzelnen Stationen. An Ausw kungen auf Lebensräume, Kulturen, Wirtschaft aktuell und der Veränderung kann gut angeschlossen werden. Der Ba weckt mit seiner Sicht somit sicherlich auch Interesse bei bisher weniger engagierten Schülern.

72 Seiten	12 948	ab 15,99 €

Rudi Lütgeharm

Wüsten & Steppen der Erde

Spannendes Unterrichtsmaterial zu einem hochinteressanten Thema. D Interesse der Schüler wird mit motivierendem Tabellen- und Kartenmate al geweckt, das zum Teil in Ausschnitten zum Ergänzen angeboten wird. Hinterher hat man anderen einiges voraus, die oft nur die Sahara „kennen". Besonders spannend: Wie überleben in diesem Klima Pflanzen und Tiere? Sah es dort früher einmal anders aus?

72 Seiten	12 947	ab 15,99 €

Rudi Lütgeharm

Ozeane & Meere der Erde

Unter einem Meer/Ozean versteht man die miteinander verbundenen G wässer der Erde, die die Kontinente umgeben, im Gegensatz zu den Landflächen liegenden Binnengewässern. Die einzelnen Kapitel vermitteln ein grundlegendes Wissen mit vielen spannenden und abwechslungsreichen Schwerpunkten.

72 Seiten	12 946	ab 15,99 €

Tobias Vonderlehr

Klimazonen & Landschaften

Von der Taiga bis zum Regenwald

Von der polaren Zone über die gemäßigten Breiten bis hin zu den Trop wird die globale Vielfalt kennengelernt. Die Lebensbedingungen unter d Naturgegebenheiten, Fauna & Vegetationen werden thematisiert. Die La schaften der Gebirge, der Savannen und Wüsten werden ebenfalls beha delt.

56 Seiten	11 965	ab 14,49 €

PDF plus

Anne Scheller

Der Regenwald Die grüne Lunge der Erde

Inhalt: *Regenwald - was ist das? (unterschiedliche Waldarten, Länder Regenwald, Tropengürtel); Ökosystem tropischer Regenwald (Wetter, Wa serkreislauf, CO_2-Ausstoß); Pflanzen (Stockwerkbau); Tiere (Artenvielfa Zerstörung des tropischen Regenwaldes (Abholzung, Tropenholz) u.v.m.*

64 Seiten	10 950	ab 13,49 €

Gabriela Rosenwald

Die Arktis als Lebensraum

Der Nordpol in Zeiten des Klimawandels

Inhalt: *Arktis und Nordpol – Überblick; Die Arktis und der Nordpol; Me schen in der Arktis; Eisberge; Polarnacht und Sommersonnenwende; V getationszonen der Arktis; Tiere der Arktis; Vögel und Fische; Wasserv kommen auf unserer Erde; Probleme der Arktis u.v.m.*

40 Seiten	11 880	ab 12,49 €

Gabriela Rosenwald

Plastik Eine Gefahr für die Umwelt

Plastik ist praktisch, vermüllt aber unsere Umwelt ... Doch was ist Pla tik genau und wie entsteht es? Dieser Band beschäftigt sich mit d Geschichte und der Entstehung von Plastik, mit dessen Vorteilen und den gewaltigen Problemen für Umwelt und Natur. Auch die Schattenseiten werden in diesem Band ausführlich beleuchtet.

56 Seiten	12 974	ab 14,49 €

Alfred Winter

Umwelt & Umweltschutz

Warum Nachhaltigkeit sehr wichtig ist

In dieser Lernwerkstatt wird anhand der Themen „Energie gehört zum täglichen Leben", „Umweltschutz und Energiesparen", „Umwelt- und Gesundheitsschutz" sowie „Müll - weniger ist mehr!" ein Überblick über den Schutz unserer Umwelt gegeben.

56 Seiten	11 361	ab 14,49 €